图解足球基础
技术与训练

人邮体育 主编
褚洪洋 编

人民邮电出版社
北京

图书在版编目（CIP）数据

图解足球基础技术与训练 ： 视频学习版 / 人邮体育主编 ； 褚洪洋编. -- 北京 ： 人民邮电出版社，2023.11
ISBN 978-7-115-61545-9

Ⅰ. ①图… Ⅱ. ①人… ②褚… Ⅲ. ①足球运动－运动技术－图解②足球运动－运动训练－图解 Ⅳ. ①G843-64

中国国家版本馆CIP数据核字(2023)第062285号

内 容 提 要

本书由拥有多年足球训练和教学经验的教练编写，旨在为足球爱好者、足球运动员等的技术练习提供指导，并为体育老师和足球教练等丰富教学内容和执教方法提供帮助。书中详细介绍了足球运动的推拉、转身、接球等基础练习，并重点介绍了踢球、带球过人、射门、进攻战略战术、防守战略战术和常用阵形等技战术的练习及强化方法，且针对重点技战术提供了实战指导。全书采用图文详解结合视频展示的形式呈现技术动作，并结合简明易懂的示意图讲解战略战术，为读者学习提供便利。

◆ 主　　编　人邮体育
编　　　褚洪洋
责任编辑　林振英
责任印制　马振武

◆ 人民邮电出版社出版发行　　北京市丰台区成寿寺路 11 号
邮编　100164　　电子邮件　315@ptpress.com.cn
网址　https://www.ptpress.com.cn
固安县铭成印刷有限公司印刷

◆ 开本：700×1000　1/16
印张：12.25　　　　2023 年 11 月第 1 版
字数：345 千字　　　　2023 年 11 月河北第 1 次印刷

定价：69.80 元

读者服务热线：(010)81055296　印装质量热线：(010)81055316
反盗版热线：(010)81055315
广告经营许可证：京东市监广登字 20170147 号

前言

足球有“世界第一运动”的美誉，是体育界具有悠久发展历史和广泛影响力的运动项目，其竞技赛事在全球范围内备受关注。我国具有良好的足球群众基础，还拥有数量庞大的球迷，但是从我国竞技足球事业的发展现状来看，其竞技实力和世界排名无不令球迷备感惋惜。我国对足球事业发展非常重视，足球研究者和教练员也尝试利用各种方法，来促进我国足球水平的提升，但是无论是借鉴、学习国外先进的足球技战术，还是引进国外优秀的教练员，我们仍要清楚地看到我国足球水平与足球强国之间还存在较大的差距。提高我国足球事业发展水平，是众多国人之殷切期望，需要大家共同努力。

足球运动作为团队配合型竞技类运动项目，球员的基本功是竞技实力体现的重要基础。因此，基础技术训练是足球训练重点关注的内容，从足球基础性训练角度来看，训练内容除了应包括针对性的体能训练外，还应包括运球、传球、停球、射门、头顶球、抢截球、掷界外球、守门员技术、无球跑动以及心理适应等方面的基础技术训练。然而，在实际的训练中，虽然训练内容设计较为全面，但是却存在着重视成绩并以实战为导向的训练模式，这显然不符合青少年的身体发展需求，进而影响训练效果。

青少年后备人才是我国足球事业发展的未来，重视后备人才的培养，是我国足球事业发展的正确方向。但是我国目前足球人才培养过程中对青少年针对性训练的力度较小，这不利于青少年足球意识和基本功的培养。只有重视青少年足球训练，才可以为我国足球事业的发展奠定良好的人才基础。而针对具体的青少年训练来看，基础技术的训练是非常关键的。作为具有丰富足球经验的体育人，应以促进我国足球事业发展为己任。在搜集大量足球技术资料基础上，结合自身经验，编成本书，希望可以为足球后备人才的培养和规范足球技术的训练提供有价值的参考。

希望每一位足球人可以共同努力，为我国足球事业的发展贡献出自己的力量与热情！

在线视频访问说明

本书提供部分技术动作的展示视频，您可通过微信“扫一扫”，扫描下方的二维码进行观看。

步骤1　点击微信“扫一扫”（图1）。

步骤2　扫描上方的二维码，点击对应的视频即可观看（图2）。

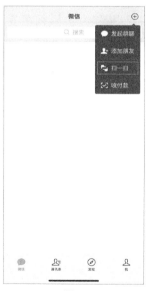

图1

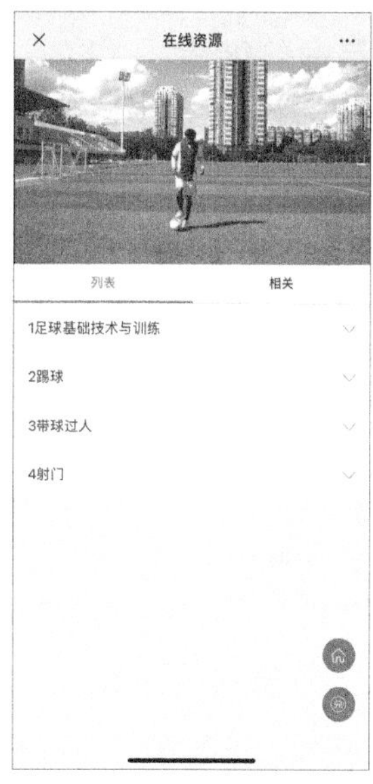

图2

目录

第1章 足球基础技术与训练

第4章 射门

第5章 进攻

第6章 防守

第7章 阵形

绘制训练示意图中的指示线说明

→ 传球路线

→ 带球移动路线

⇢ 球员移动路线

（说明：书中绘制的插图，未严格按照比例绘制，仅作为示意图辅助读者阅读。）

第 1 章

足球基础技术与训练

球员水平的提高离不开扎实的足球基本功，掌握了足球的基本功才能进入下一阶段的战术训练，否则球员很难与队友配合默契。让我们从基础训练开始，让脚的每个部位都能够灵活地控球。

前后拉球

前后拉球是将足球置于身前，用一只脚的脚掌触球，控制足球的前后移动。在移动过程中，足球要一直踩在脚下，不能脱离控制范围。

右脚前脚掌踩住足球，将其控制在脚下，身体的重心置于左腿。

右脚踩住球向后移动，将球拉到身体下方。

随后右脚脚掌发力让足球向前移动。如此重复进行练习，然后换另一只脚继续。

小提示

在足球比赛中，球员经常会用脚掌控球，因此在练习时要记住脚掌触球的感觉，这是非常重要的。如果足球在球员移动过程中即将离开其控制范围，球员可以通过拉球的方式迅速将球控制在自己脚下，同时用支撑脚保持身体平衡。

错误动作

在对动作不熟悉时，球员常常低头看球。练习时双眼应避免一直盯着球，要保持抬头挺胸，目视前方。

左右拉球

左右拉球是用脚掌向对侧的水平方向移动足球，一只脚控制足球，另一只脚为支撑脚以保持身体平衡，防止身体左右摇晃。注意不能只用惯用的脚练习，双脚都要能熟练地拉球控球。

右脚脚掌踩住足球，将其控制在脚下，身体的重心置于左腿。

右脚脚掌带球向左移动，右脚顺势离开足球。

当球移动到身体左侧时，左脚跟进停球，重心置于右脚。

左脚停球后，用脚掌踩住足球，将其控制在脚下。

左脚脚掌带球向右移动，左脚顺势离开足球。

当球移动到身体右侧时，右脚跟进停球。如此重复进行练习。

转身

球员在持球变向的时候，经常会用到转身动作。用脚弓盘带的同时，控球脚从球的前方绕过，从而改变球的运动方向。

双脚脚弓触球，在双脚之间来回拨球。

右脚脚弓触球，向左脚后方位置踢球。

右脚脚弓将球踢向左脚后方，同时身体向后转。

知识点

转身技巧

在比赛中，球员可以在接球后转身摆脱防守，然后继续带球进攻，整个转身动作连贯流畅。这样可以创造出有利空间，改变进攻方向，使控球球员从另一个方向进行突破。不管是在哪个位置的球员，都应该掌握转身技巧。

触球点

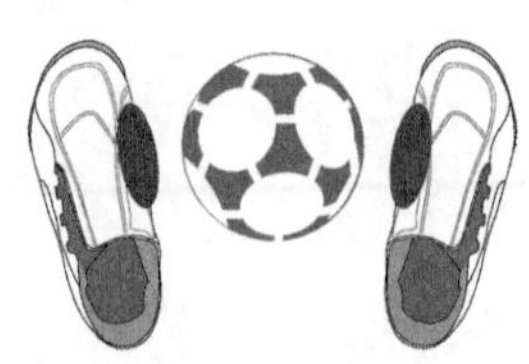

双脚脚弓触球。

转身后身体面向后方，重心置于左腿，右脚上抬。

右脚迅速调整，停住足球。

右脚脚弓触球，向左脚脚弓位置踢球。双脚继续来回拨球，然后重复转身动作。

小提示

转身时重心的分配很重要，在控球的同时要保持身体稳定。将球踢向脚后方的位置，这样对手很难抢断。比赛中要时刻观察防守球员的位置，从而做出判断，防止控球权被抢夺。

向内转身

向内转身是比赛中常用的基础技术，可以用来摆脱防守。转身时要准确地控球，改变球的运动方向，尽可能一次触球完成向内转身。

右脚外脚背带球前进。

带球前进一定距离后，左脚踩在足球后方，保持身体平稳。

左脚外旋，右脚向后摆，身体随之转动。

右脚前伸停住足球，左脚支撑身体，同时向内转身。

将球拨到运动路线后，完成向内转身，继续带球前进。

小提示

多次触球后再完成转身，很容易被对手抢球；要尽量一次触球，确保整个转身动作迅速流畅。

向外转身

与向内转身相同，向外转身也要尽可能一次触球完成转身。向外转身时将拨球的脚尽量外伸，这样转身后可以回到原有的运动路线。

右脚外脚背带球前进。

带球前进一定距离后，左脚踩在足球左侧。

右脚尽量外伸，用外脚背停球，身体随之转动。

右脚控球，左脚支撑身体，同时向外转身。

将球拨到运动路线后，完成向外转身，继续带球前进。

知识点

尽量转小圈

转身时的幅度不要过大，否则很难回到原有的运动路线上；尽量转小圈，保持身体稳定。

推拉

推拉是借助脚掌和脚尖，使球在脚下前后移动。球在身前时，用脚掌向后拉球；球在身后时，用脚尖向前推球。

小提示

练习过程中，保持背部挺直，逐渐掌握节奏后，可以目视前方进行练习。一侧腿熟练后，换对侧腿进行练习。

右脚脚掌踩住足球，将其控制在脚下，身体的重心置于左腿。

右脚脚掌将身前的足球向后拉，左腿略微屈膝，躯干保持挺直。

球后拉到身体下方后，用右脚脚尖触球，将球向前推。

右脚前伸，用脚掌停住向前移动的足球，重复推拉动作。

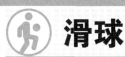

滑球

滑球是用双脚脚弓拨球，使足球在双脚之间移动。用脚弓触球，将球拨回后，再送到另一侧脚弓处。通过练习，使双脚都能来回触球。

双脚分开，挺胸抬头，足球置于两脚之间。

双腿屈膝，身体重心下降。

轻轻向上、向左跳，同时用右脚脚弓向左拨球。

足球向左侧移动，用左脚脚弓停球。

再次轻轻向上、向右跳起，同时用左脚脚弓向右拨球。

足球向右侧移动，用右脚脚弓停球。保持良好的节奏，重复动作。

脚弓推球→出球

此练习是横向盘带与纵向盘带技术的综合训练。用脚弓完成所有触球。

左脚向右前方推球，右脚停球

小提示

练习时要注意保持节奏感，以由左向右再由右向左的顺序有节奏地向前推进。注意始终将足球控制在身下，不要使球脱离双脚的控制范围。

双脚分开，足球置于两脚之间。

双腿屈膝，双脚调整站位，身体重心下降。

轻轻向上、向左跳起，同时用右脚脚弓向左前方推球。

足球向左前方移动，用左脚脚弓停球。

左脚脚弓停球后，继续向右前方推球。

将球送到右脚旁，右脚的脚弓触球。

右脚脚弓停球后，继续向左前方推球，用左脚脚弓停球。

左脚脚弓向右前方推球，右脚脚弓触球。保持良好的节奏，重复动作。

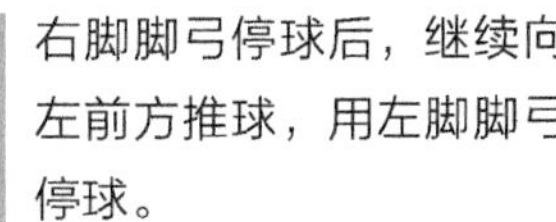

技术要点

推球时可以稍屈膝，用双脚脚弓带球向前运动，可以稍借助膝盖和脚腕的力量。

脚掌→脚弓

横向拨球时，可以用脚掌控球，把球送到另一只脚下。待完全掌控动作后，再加大球横向移动的幅度。

右脚脚弓触球，左腿用于保持身体平衡。

右脚脚掌向左前方拨球，使球移向左脚，同时身体向左前方跳。

右脚落地后，左脚跟进，并用脚弓停球。之后迅速将球向右前方推进。

停球时膝盖屈曲，将足球向前推进后，发力向前加速。初次练习时注意速度不用太快，否则容易出现失误，可以在逐渐熟练后慢慢地加快速度。

左脚脚掌向右前方拨球，使球移向右脚，同时身体向右前方跳。

左脚落地后，右脚跟进，并用脚弓停球，之后迅速将球向左前方推进。保持良好的节奏，重复动作。

外脚背→脚弓

外脚背→脚弓也是一项训练基本功的动作，训练重点是脚弓在触球后，要立即将球送到另一侧脚的外脚背位置。

知识点

技术要点

练习时，膝关节尽量弯曲，控制好节奏，身体的摆动幅度可以稍大。

双脚分开，挺胸抬头，球位于右脚前。

用右脚外脚背触球，向身体右侧拨球。

用右脚脚弓停球，借助脚腕的力量向左推球。

右脚脚弓推球后，立即用左脚外脚背向身体左侧拨球。

用左脚脚弓停球。保持良好的节奏，重复动作。

外脚背→脚弓（2次触球）

在熟练掌握外脚背→脚弓的控球技术后，可以用相同脚的相同位置进行2次触球训练。练习时，足球一定是向斜前方做曲线移动的。

用右脚外脚背将球向右前方拨出。

用右脚外脚背2次触球，向右前方拨球。

用右脚脚弓触球，向左前方推球。

用右脚脚弓2次触球，向左前方推球。

经过脚弓的2次触球后，再次使用右脚外脚背向右前方拨球。

用右脚外脚背2次触球，向右前方拨球。保持良好的节奏，重复动作。

拉球→脚弓→外脚背

此动作是先用脚掌拉球，将球送到脚弓位置，再将球送到外脚背。按照这个顺序进行练习，球员可以灵活地掌握急停与启动。

右脚脚掌踩住球，将其控制在脚下，左腿支撑身体。

右脚脚掌向后拉球，将球拉到身体下方。

右脚脚弓触球，将球向前推进。

跟随球的运动路线，双脚向前移动。

左脚向前迈步，同时右脚外脚背触球。保持良好的节奏，重复动作。

小提示

在带球推进的过程中可以随意改变速度，如果能顺利完成该动作，可以加入将球从外脚背到脚弓的盘带。

拉球练习（脚侧拉球）

拉球练习可以提高球员的控球技术，在提升身体平衡与协调能力的同时，还能增强球感。该练习在简单的场地上就可以进行。

双脚分开，球位于右脚前。

右脚脚掌控球，准备向左拉球，保持身体稳定。

右脚脚掌由右向左横向拉球，同时左脚原地跳步保持身体平衡。

右脚脚掌控球，向右拉球。

右脚脚掌由左向右横向拉球，左脚原地跳步。

小提示

运动过程中，双臂自然保持平衡，感知脚掌对球的控制，增强身体的协调性。

带球前进和后退

用脚掌控制球的前后移动，练习时要求双脚频率快、幅度小，有节奏地进行。注意保持身体平衡，让球时刻被控制在脚下。

右脚踩住球，将其控制在脚下，左腿支撑身体。

将处于身体前方的球向前推进，同时左脚顺势前跳一小步。

换左脚脚掌控球，如此反复练习带球前进。

左脚踩住球，将其控制在脚下，右腿支撑身体。

右腿后跳一小步，同时左脚快速向后拉球。

换右脚脚掌控球，如此反复练习带球后退。

曲线控球

曲线控球是用一只脚的脚掌控球，在移动的过程中，让球做曲线运动。控球脚要将球灵活地掌控在脚下。比赛中，球员在决定接下来的攻防组织战术时，都要先控好球，观察场上的形势。

知识点

腰腹的动作

整个运动过程中，身体的重心是向后的。球员可以通过腰腹发力，增大控球脚的运动幅度，这样足球就可以按照曲线轨迹移动。

右脚脚掌控球，向后拉球。左腿支撑身体以保持平衡。

右脚脚掌向右推球，左脚原地小幅度跳跃。

右脚脚掌向左后方拉球至身体附近，同时左脚向后跳。

将身体附近的球向前推。保持良好的节奏，重复动作。

接地滚球训练（2次触球防范）

两次触球防范可以训练球员降低触球次数，因为进攻球员之间传球的速度越快越好，所以如果触球次数过多，就会给对手制造更多的防守机会。

准备工作 用 4 个锥桶标记出一个 12 米 ×12 米的场地，4 名进攻球员和 1 名防守球员位于场地内。

人数	5 人
时间	5 分钟

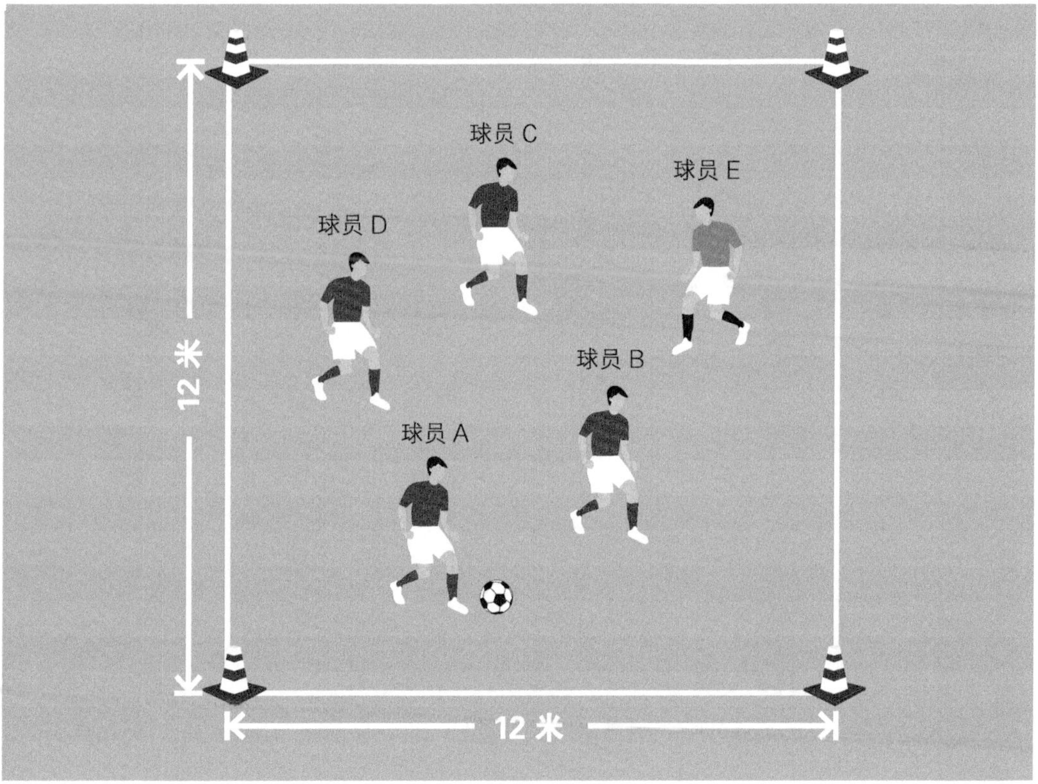

球员 C
球员 E
球员 D
球员 B
球员 A
12 米
12 米

训练步骤

① 场地内的 4 名进攻球员 A、B、C、D 组成一个进攻队，试图让球远离防守球员 E。进攻球员只能通过 2 次触球来传球、接球和控球，其他进攻球员需要根据场上情况使用合适的接球技术。

② 进攻球员发生失误将控球权输给防守球员，罚 1 分，如果防守球员成功完成抢断、球滚出场地外、进攻球员接球或传球时触球 2 次以上，则判为失误。出现失误的进攻球员将转换为防守球员，而成功的防守球员转换为进攻球员。连续训练 5 分钟，罚分少的球员获胜。

接地滚球训练（迎球，转身，再迎球）

此训练可以提高球员的控球技术，接球球员必须果断地跑向供球球员，并通过两次触球来接球和传球。

准备工作 用 4 个锥桶标记出一个场地，4 名球员位于场地内。

人数 4 人

时间 2 分钟

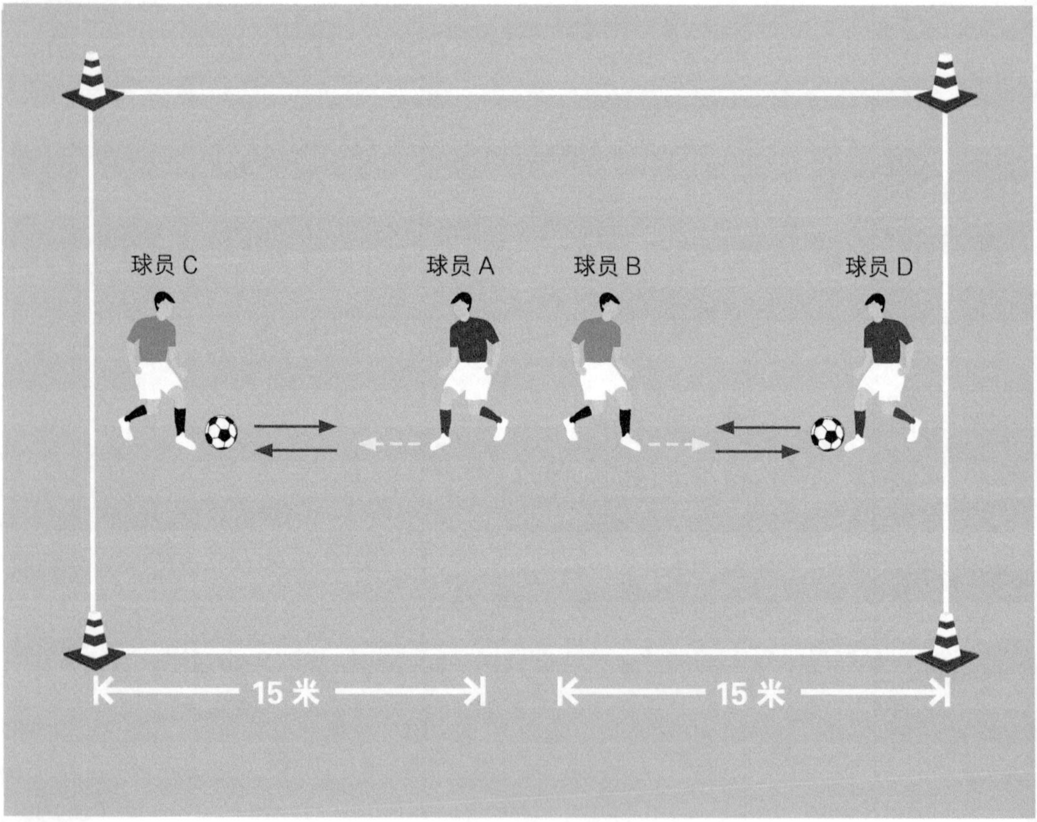

球员 C　球员 A　球员 B　球员 D

15 米　15 米

训练步骤

① 接球球员 A 和球员 B 不持球背对背站立，在其分别间隔 15 米处各有一持球的供球球员 C 和球员 D。接球球员与供球球员两两面对面，接球球员跑向供球球员，供球球员将球平稳地传向跑来的球员。接球球员一次触球接到球并控制住球，接着二次触球回传给供球球员，然后转身向另一侧的供球球员跑去。

② 如果球员在接球和回传给供球球员的过程中触球超过 2 次，罚 1 分。以最快的速度连续练习 2 分钟，然后供球球员和接球球员交换位置重复练习，结束后罚分少的球员获胜。

接空中球训练（接球、转身并重复）

进行接空中球训练时，球员要面向来球方向，提前做好接球准备。在球到达时，接球部位稍向后收，回传时将球返回到供球球员的胸部位置。

准备工作	用 4 个锥桶标记出一个场地，3 名球员位于场地内。

人数	3 人
时间	10 分钟

训练步骤

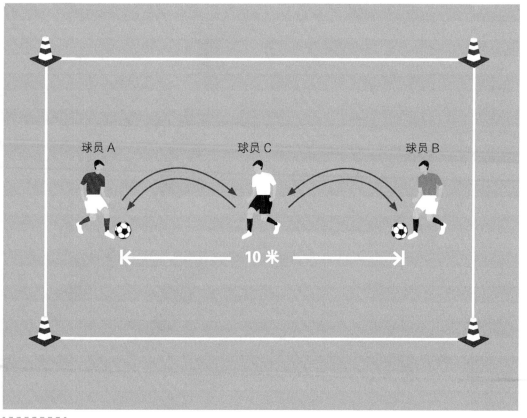

① 球员 A 和球员 B 各持一个足球，间隔 10 米面对面站立，球员 C 站在 2 名供球球员中间。球员 A 通过抛球的方式将球传给球员 C，球员 C 在第一次触球时控制空中来球，第二次触球时以踢球的方式回传给球员 A。控球时可以选用胸部、大腿或脚背。球员 C 将球回传后立即转身接球员 B 抛的球。

② 重复之前的步骤，在球员 C 接到 50 次抛球后，3 名球员交换位置继续进行训练，使每名球员都到过中间的位置。中间的球员通过两次触球来接球并成功将球回传给供球球员，得 1 分。训练结束后，得分多的球员获胜。

第 2 章

踢球

踢球是足球运动中的基础技术，是指按照规定的技术动作，用脚的不同部位将球踢向目标位置，常在传球与射门中使用。本章内容包括定点踢球技术、不停球踢球技术、个人踢球训练和团队踢球训练。

2.1 定点踢球技术

脚弓定点踢球（地滚球）

脚弓定点踢球是最基础的踢球动作，也是传球和射门中使用最多的踢球动作。踢球时脚垂直面向目标方向，准确率更高。与其说是踢，不如说是用脚弓把球推出去。

球员与球保持一定距离站立，从球的正后方沿直线助跑。

身体放松，向前迈进，左脚踩在足球左后方以支撑身体，右脚向后摆。

右腿外旋下摆，用脚弓对准球的中心位置，在与球接触的瞬间发力。

触球后，右腿顺势前摆，这一跟进动作可以提高踢球的精准度。

脚弓定点踢球（半高球）

踢地滚球时，触球点在球的中心；但向上踢半高球时，触球点在球中心偏下的位置。踢球时身体稍向后倾，这样更利于起球。

球员与球保持一定距离站立，从球的正后方直线助跑。

身体放松，向前迈进，左脚踩在足球左后方以支撑身体，右脚向后摆。

小提示

踢球时注意力要集中，整个动作迅速、果断。身体稍向后倾可以更好地发力。

瞄准球中心偏下的位置，右脚脚弓触球，自下而上将球踢出。身体随惯性稍向后倾。

触球点

用容易贴合球面的脚弓中心触球。

脚弓定点踢球（高球）

用脚弓定点踢高球时，触球点相比于半高球更偏下，身体后倾的幅度也更大。在比赛中，该动作常用于远距离传球和防守反击，具有球速快、传导距离长等特点。

球员与球保持一定距离站立，从球的正后方直线助跑。

身体放松，向前迈进，左脚踩在足球左后方以支撑身体，右脚向后摆，重心向后。

瞄准球的下部位置，右脚脚弓触球，自下而上将球踢出。身体随惯性后倾。

知识点

支撑脚

踢球时支撑脚一般踩在球侧边的位置，但触球点在中心偏下的位置时，支撑脚可以稍向后撤，这样更容易出脚。

外脚背定点踢球（地滚球）

外脚背定点踢球具有较高的精准度，甚至还能踢出弧线球，改变场上的攻防节奏，因此被广泛应用于各种场合。

球员与球保持一定距离站立，从球的正后方直线助跑。

身体放松，向前迈进，左脚踩在足球左后方以支撑身体，右脚向后摆。

小提示

外脚背的脚踝更容易向外打开，因此可以从各种不同的角度触球。使用不同的脚法还能踢出各种不同的球，尤其是可以踢出相对平稳的弧线球。触球时用力的方法不同，触球的速度也会有所变化。

外脚背触球的
瞬间，脚趾用
力抓紧鞋底

瞄准球的中心位置，用外脚背触球，在与球接触的瞬间发力。

外脚背定点踢球（半高球）

用外脚背定点踢半高球时，由于用右脚踢球容易踢出向右旋转的弧线球，所以在踢球前要摆好姿势，将球准确地踢出。

球员与球保持一定距离站立，从球的正后方直线助跑。

小提示

外脚背定点踢球的重点是切球，切球时应用外脚背小脚趾根部骨头隆起的部位触球，斜贴住球的中心。此外，还要灵活地控制小腿发力的方式以及触球瞬间的力度，进而控制球的运动速度。

身体放松，向前迈进，左脚踩在足球左后方以支撑身体，右脚向后摆。

保持身体稳定，稍微倾斜脚部，瞄准球的中心偏下的位置发力，动作幅度不用太大，将球向前踢出。

外脚背定点踢球（高球）

用外脚背定点踢高球时，为了使球的飞行距离更远，要用距离脚趾稍远、更靠近脚背的部分触球，借助髋关节带动脚部摆向球的中心偏下的位置。

球员与球保持一定距离站立，目视足球，从球的正后方直线助跑。

身体放松，向前迈进，左脚踩在足球左后方以支撑身体，右脚向后摆，重心稍向后。

知识点

保持身体平衡

踢高球时身体的摆动幅度较大，要注意控制力度，用力过猛可能导致身体重心不稳。

用髋关节带动右腿向前摆动，以此来加大动作幅度。用外脚背触球的中心偏下的位置，在与球接触的瞬间发力。

右腿上摆至与髋关节同高，踢出高球

脚背定点踢球（地滚球）

脚背定点踢球可以很好地将脚部的力量传递给球，但由于球和脚的接触面较小，所以对动作的精准度要求很高。

球员与球保持一定距离站立，从球的斜后方助跑。

身体放松，向前迈进，左脚踩在足球左后方以支撑身体，右脚向后摆。

右脚下摆，用脚背对准足球的中心位置，借助身体扭转的力量踢球。

触球后，右腿顺势完成摆腿，以提高动作的精准度。

小提示

踢球时尽量用脚背上骨头隆起的部位触球，这样可以保证脚背与球的接触面较小，让接触点更准确，使整个动作更迅速流畅。

脚背定点踢球（半高球）

用脚背定点踢半高球时，借助了身体扭转的力量，让踢球脚以支撑腿为中心转动，从而把脚部力量有效地传递给球。

球员与球保持一定距离站立，从球的斜后方助跑。

身体放松，向前迈进，左脚踩在足球左后方以支撑身体，右脚向后摆。

右脚下摆，用脚背对准球中心偏下的位置，借助身体扭转的力量将球踢出。

小提示

踢球时要调整好支撑腿的位置和角度，保持身体稳定，以最平缓的角度完成摆腿的动作，避免踢球脚蹭到地面。

脚背定点踢球（高球）

用脚背定点踢高球是通过大幅度的摆腿使身体以支撑腿为中心转动。踢出的球越高，身体后倾的幅度越大，触球的位置也越靠下，注意要自然流畅地将球踢出。

球员与球保持一定距离站立，从球的斜后方助跑。

身体放松，向前迈进，左脚踩在足球左后方以支撑身体，右脚大幅度向后摆。

右脚下摆，身体向后倾斜，同时用靠近脚踝的脚背位置触球。

瞄准球中心偏下的位置，借助身体扭转的力量将球踢出，出球后右腿随惯性前摆。

脚尖定点踢球（地滚球）

在比赛中，利用小幅度的动作可以出其不意地突然射门。脚尖定点踢球由于脚和球的接触面小，需要瞄准球的中心，所以摆腿幅度不用太大即可发力。

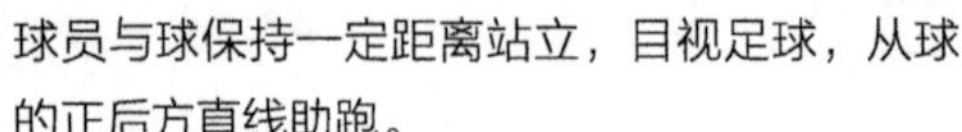

球员与球保持一定距离站立，目视足球，从球的正后方直线助跑。

身体放松，向前迈进，左脚踩在足球左后方以支撑身体，右脚向后摆。

触球点

触球点在大脚趾与第二趾中间。如果只用大脚趾触球，容易导致其受伤。踢球时脚趾要绷直，用幅度较小的动作踢出强有力的球。如果动作幅度过大，容易使球失去控制。

用大脚趾与第二趾的中间部位触球，接触点在球的中心。

球员熟练掌握该动作，就可以在比赛中充分发挥其作用。此动作对于准确度和触球的力度有较高的要求。

脚尖在触球的瞬间发力

右脚下摆，用大脚趾和第二趾的中间部位瞄准球的中心。

将球踢出后，右腿随惯性前摆。

知识点

准确踢球的中心

想要踢出直向地滚球，需从球的正后方直线助跑后准确瞄准球的中心；如果触球点不准，球就会向其他方向运动。在要求精准踢球时，不推荐使用这一踢球技术。

脚尖定点踢球（半高球）

脚尖定点踢球可以增加球的攻击性，因为球速较快，所以常在射门时使用，这样加大了守门球员防守的难度，从而为进球提供了有利条件。

球员与球保持一定距离站立，从球的正后方直线助跑。

身体放松，向前迈进，左脚踩在足球左后方以支撑身体，右脚向后摆。

用大脚趾和第二趾的中间部位瞄准球的中心偏下的位置，自下而上轻轻发力将球踢出。

小提示

用脚弓或脚背踢球时需要摆动大腿，这样就增加了出球时间。而脚尖踢球只需要快速摆动小腿，节省了很多时间。

脚尖定点踢球（高球）

用脚尖定点踢高球时，触球点在球中心偏下的位置，从下往上发力，踢球前后摆腿的幅度较大。

球员与球保持一定距离站立，从球的正后方直线助跑。

身体放松，向前迈进，左脚踩在足球左后方以支撑身体，右脚向后摆。

用大脚趾和第二趾的中间部位瞄准球中心偏下的位置，自下而上发力踢球。

双臂打开，保持身体稳定。将球踢出后，右腿随惯性大幅度上摆。

脚后跟定点踢球（地滚球1）

在比赛中，脚后跟定点踢球的使用频率并不高，球员向自己的背后出球，一般在改变场上节奏时使用最为有效，可以给比赛带来无限可能。

双脚分开，将球置于两脚之间。

右腿屈膝向上抬起，左腿支撑身体以保持平衡。

右腿抬起后前伸，用脚后跟对准球。

小提示

如果脚后跟没有瞄准球的中心，球的运动路线就不是直向的。用力过猛也会导致球失控。记住脚后跟踢球的感觉后，可以尝试各种踢法。

瞄准球的中心，以膝关节为轴，小腿快速后摆，用脚后跟触球。

将球踢出完成背后出球后，右腿随惯性后摆。

脚后跟定点踢球（地滚球2）

此练习是交叉双腿用脚后跟踢球，需要在改变自己位置的同时去踢球。这种踢法可以让对手防不胜防。

球员与球保持一步距离站立。

左脚向前迈步，踩在足球右侧后方以支撑身体。右脚随之前移，保持身体平稳。

右腿前伸摆过支撑腿，用脚后跟对准球。

瞄准球的中心，右腿立即向左腿外侧交叉后摆，用右脚跟击球。

右脚跟击球后把球向后踢出，右脚随惯性摆动。

2.2 不停球踢球技术

脚弓不停球踢球（直向地滚球）

用脚弓不停球踢直向地滚球时需要掌握好踢球的力度，并且准确地踢中球的接触点，这样才能把球踢到预期的位置。球员熟练掌握正确的不停球踢球技巧，控球技术也会得到提升。

身体面对来球方向，双眼看准球的飞行路线，做好接球准备。

观察球的下落轨迹，左脚抓地支撑身体，右腿向后抬起。

知识点

配合好触球的时机

不停球踢球与定点踢球最大的区别就是要算准触球的时机。在比赛中，球员要时刻观察场上的比赛节奏，算准触球的时机，以便把球踢到预计位置。

小提示

不停球踢球技术适用于所有的踢球动作，该技术最重要的是凭感觉掌握出脚的时机，用脚弓对准球。初学者可以从反复练习地滚球开始。

在球快要落地时，右腿外旋下摆。

保持身体稳定，用脚弓瞄准球的中心偏上的位置，迅速向正前方将球踢出。

触球点

脚弓踢球是用容易贴合球面的脚内侧触球，因为脚弓的触球面积相比于其他部位大，所以在踢球时可以更好地控制球，也是踢球时最常使用的部位。脚弓踢球常用于短距离传球和射门。

用脚弓中心稍偏下的位置触球，足球的接触点在球中心稍偏上的位置。

脚弓不停球踢球（变向地滚球）

用脚弓不停球踢变向地滚球可以让球员在场上更加灵活地出球，用脚弓中心偏下的位置接触球，通过调整脚踝的角度来改变球的方向。

身体面对来球方向，双眼看准球的飞行路线，做好接球准备。

观察球的下落轨迹，左脚抓地支撑身体，右腿向后抬起同时外旋。

保持身体稳定，用脚弓瞄准球的中心偏上的位置，通过调整脚踝的角度来使球飞向不同方向。

小提示

如果想要踢出不同角度的球，就需要在日常多加练习来调整脚的角度。

脚弓不停球踢球（直向半高球）

用脚弓不停球踢直向半高球与踢直向地滚球的方法基本相同。踢球时根据触球点，用脚弓果断触碰球面。

身体面对来球方向，双眼看准球的飞行路线，做好接球准备。

观察球的下落轨迹，左脚抓地支撑身体，右腿向后抬起。

在球快要落地时，右腿外旋下摆。

用脚弓瞄准球的中心的位置，向前上方踢，迅速出球。

脚弓不停球踢球（变向半高球）

用脚弓不停球踢变向半高球与踢变向地滚球的方法基本相同，都是用容易贴合球面的脚弓瞄准球的接触点，迅速果断地出球。

身体面对来球方向，双眼看准球的飞行路线，做好接球准备。

观察球的下落轨迹，左脚抓地支撑身体，右腿向后抬起同时外旋。

右腿外旋下摆，用脚弓瞄准球的中心偏下的位置，通过调整脚踝的角度来使球飞向不同方向。

小提示

运动时，要判断球在空中下落的位置，然后迅速向该位置移动。支撑腿用于保持身体稳定，同时将接球脚抬起离地，当球到达时，接球脚外旋，使脚弓触球，这个动作还能缓冲落到脚弓上的球带来的冲击力。

知识点

调整脚踝角度

踢球时的角度和力度不同，球的飞行路线也会有所不同。球员要在平时多加练习，用心体会触球的感觉，让身体记住这些差别。

脚弓不停球踢球（直向高球）

用脚弓不停球踢直向高球时，是用靠近脚踝的脚弓坚硬部位触球，这样可以提高准确性。如果想要减小触球的力度，可以用靠近脚尖的位置触球。

身体面对来球方向，双眼看准球的飞行路线，做好接球准备。

观察球的下落轨迹，左脚抓地支撑身体，右腿向后抬起同时外旋。

在球快要落地时，右腿外旋下摆。

保持身体稳定，用脚弓瞄准球的中心偏下的位置，迅速向前上方将球踢出。

脚弓不停球踢球（变向高球）

用脚弓不停球踢变向高球是通过调整脚踝的角度来踢出不同方向的球的。在调整脚踝角度的同时，用脚弓靠前的部位触球。

身体面对来球方向，双眼看准球的飞行路线，做好接球准备。

观察球的下落轨迹，左脚抓地保持身体平稳，右腿向后抬起。

右腿外旋上抬，同时根据触球的高度，将脚踝调整到合适的角度。

用脚弓靠前的部位瞄准球的中心偏下的位置，通过调整脚踝的角度来使球飞向不同方向。

脚背不停球踢球（直向地滚球）

用脚背不停球踢直向地滚球时，需要判断好球的运动路线，使脚与球的接触点准确配合，这样才能将球准确踢向目标方向。

小提示

在接近足球时，踢球腿屈膝，尽量在身体附近的位置将球踢出，这样更容易找准球的水平重心，从而提高触球的精准度。

身体向来球方向移动，双眼看准球的运动路线，做好接球准备。

接近足球后，左脚抓地保持身体平稳，右腿向后抬起。

用靠近脚踝附近的脚背外侧瞄准球的中心，迅速向正前方将球踢出。

脚背不停球踢球（变向地滚球）

用脚背不停球踢变向地滚球时，需要在改变身体方向的同时触球，难度相对较高。踢球时需要屈膝，否则会把球踢到空中。

小提示

踢变向地滚球时，需要根据目标方向调整脚踝的角度。踢球腿的脚踝保持紧张，注意将球踢出后腿不要上抬，否则出球会带有弧线，要有种推球的感觉。

身体向来球方向移动，双眼看准球的运动路线，做好接球准备。

接近足球后，左脚抓地保持身体平稳，脚尖对准出球方向，右腿向后抬起，用脚背中心偏下的位置触球。

出球后右腿顺势前摆，同时身体随之向左侧转动。

脚背不停球踢球（直向半高球）

此练习常用于踢较远距离和较长路线的球，练习时注意助跑的技巧和触球点的准确性，用靠近脚踝的脚背稍外侧触球。

身体面对来球方向，双眼看准球的飞行路线，做好接球准备。

观察球的下落轨迹，左脚抓地保持身体平稳，右腿向后抬起。

保持身体稳定，在球快要落地时，用靠近脚踝的脚背稍外侧触球。

瞄准球的中心偏下的位置，迅速向正前方将球踢出，并顺势向前摆腿。

脚背不停球踢球（变向半高球）

用脚弓踢球时，踢球脚正对踢球方向，向前直线摆动。而用脚背踢球时，踢球脚要像画圈一样大幅度摆动。

身体面对来球方向，双眼看准球的飞行路线，做好接球准备。

观察球的下落轨迹，左脚抓地保持身体平稳，右腿向后抬起。

在球快要落地时，身体蓄力，用靠近脚踝的脚背稍外侧触球。

瞄准球的中心偏下的位置将球踢出，通过调整脚踝的角度来使球飞向不同方向。

脚背不停球踢球（直向高球）

此练习常用于远距离发球和大力射门，踢球时需要自下而上发力，摆腿动作迅速流畅，在触球的瞬间脚踝发力，干脆利落地出球。

身体面对来球方向，双眼看准球的飞行路线，做好接球准备。

观察球的下落轨迹，左脚抓地保持身体平稳，右腿向后抬起。

知识点

摆腿路线要直

踢球时，膝关节要顺势上提，将球向正前方踢出。如果踢球腿的摆腿路线偏移，容易导致身体后仰，使球踢得过高。

用靠近脚踝的脚背瞄准球的中心偏下的位置，迅速向正前方将球踢出。

脚背不停球踢球（变向高球）

此练习是用脚背中心偏出球方向的位置触球，将身体扭转和腿后摆产生的离心力，在触球的瞬间顺利传递给球。

身体面对来球方向，双眼看准球的飞行路线，做好接球准备。

观察球的下落轨迹，左脚抓地保持身体平稳，右腿向后抬起。

转体后蓄力，瞄准球中心偏下的位置将球踢出，通过调整脚踝的角度来使球飞向不同方向。

知识点

触球点

用靠近脚踝的脚背稍内侧触球，触球点在球中心偏下的位置。如果想要改变球的方向，可以使用脚背中心偏出球方向的位置触球。

小提示

踢球时身体摆动幅度较大，因此需全身发力。身体始终保持自然状态，只有在触球的瞬间，脚踝发力迅速出球。

将上半身的力量传给脚，在转体的同时右腿向前摆。

将球踢出后，左腿保持身体稳定，右腿随惯性继续摆动。

2.3 个人踢球训练

单脚不连续颠球

这是一个有球就可以随时开始练习的动作，要注意始终踢球的中心。踢一次，弹一次，有节奏地进行练习。

双脚分开，背部挺直，双手持球置于身前。

双手放开使球落向地面。

球在接触地面回弹后，右脚前伸，用脚背触球。

脚背从球的正下方踢球，使球向上移动。

球上移到一定高度后落向地面，如此反复进行练习。

小提示

脚背对准球的正下方踢球，使球直直地向上移动，不要让球旋转。

脚背踢球练习（发现最佳触球点）

此练习是两名球员用脚背相互推送球的练习。练习此动作可以使球员找准触球点，并提升球感。

知识点

球的中心

球的中心（图中虚线位置）既是最恰当的击球点，也是最合适的触球位置。它可以使力量得到巧妙的传导，不会使球飞向目标外的方向。

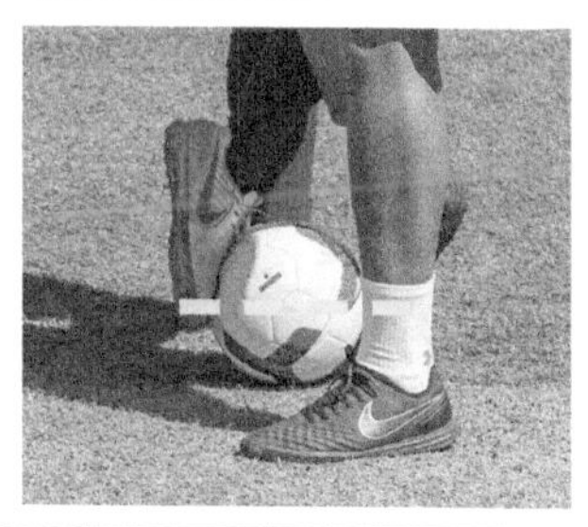

两名球员保持一定距离面对面站立，中间放置一个足球。球员在原地助跑。

当听到教练的信号后，两名球员同时跑向足球，左脚抓地保持身体平稳，右腿向后抬起。

右腿前摆，瞄准球的中心，用正脚背触球，相互推送。

脚内侧踢球练习（发现最佳触球点）

两人一组进行练习，球员用脚弓相互推送。通过练习该动作可以使球员发现最佳触球点，并记住用脚弓触球的感觉。

用脚弓触碰球的中心

知识点

球的中心

只要能用脚弓准确地触碰球的中心，力量就会巧妙地传导，不会使球偏离目标。

两名球员保持一定距离面对面站立，中间放置一个足球。球员在原地助跑。

当听到教练的信号后，两名球员同时跑向足球，左脚抓地保持身体平稳，右腿向后抬起。

右腿前摆，瞄准球的中心，用脚弓触球，相互推送。

强化轴心脚和平衡练习

此练习可以强化球员的轴心脚和平衡。两人一组，单脚站立并保持身体平衡，双手持球进行相互推搡。

两名球员双手持球面对面站立。

当听到教练的信号后，同时向上抬起右腿，左腿支撑身体，两个足球相互触碰，进行相互推搡。

知识点

平衡力

平衡力在足球运动中是非常重要的。想要完整地做好动作就需要具备良好的平衡力，这在传接球和射门时都是必不可少的。

小提示

球员可根据情况突然放松身体肌肉，或单脚跳跃使对方失去平衡。练习过程中始终保持单脚站立，当身体的平衡力得到提升后，踢球时就不容易重心不稳了。

地面传球（推传弹回的球）

推传弹回的球常被称为一脚球，是用脚弓将球传出，让球再向来球方向回传的动作。球员熟练掌握该动作后，可以交替使用双脚练习。

小提示

推传球是非常容易踢的球，但因为是短距离传球，很容易被对手拦截，所以球员在传球前要观察场上情况，确保要接球的队友附近没有防守球员。

脚弓触碰球的中心

身体面对来球方向，双眼看准球的运动路线，做好准备。

当球接近时，左脚抓地保持身体平稳，右腿向后抬起。

右腿外旋下摆，用脚弓对准球，在与球接触的瞬间发力。

触球后，右腿顺势前摆，将球向来球方向回传。如此反复进行练习。

传球练习（长传）

长传是指远距离传球，常在反攻时使用。长传需要球员具备非常强劲的肌肉力量，踢球时全身发力，以大腿带动小腿快速摆动击球。

球员与球保持一定距离站立，从球的正后方直线助跑。

身体放松，向前迈进，左脚踩在足球左后方以支撑身体，右脚向后摆。

全身发力，用脚弓对准球的中心迅速出球。

知识点

技术要点

助跑可以增加踢球的力量，支撑脚落地时脚尖要与出球的方向一致，保持身体平衡。踢球时注意脚尖外旋，脚踝绷紧。

2.4 团队踢球训练

地面传球（6对2传球穿越）

6对2传球穿越可以提高球员的传球技术，练习时保持头部抬起，时刻观察场上情况，不断调整身体姿势，让自己能够接到传来的球。

准备工作 用 4 个锥桶标记出 1 个 12 米 ×15 米的场地，6 名进攻者和 2 名防守者位于场地内。

8 人

15 分钟

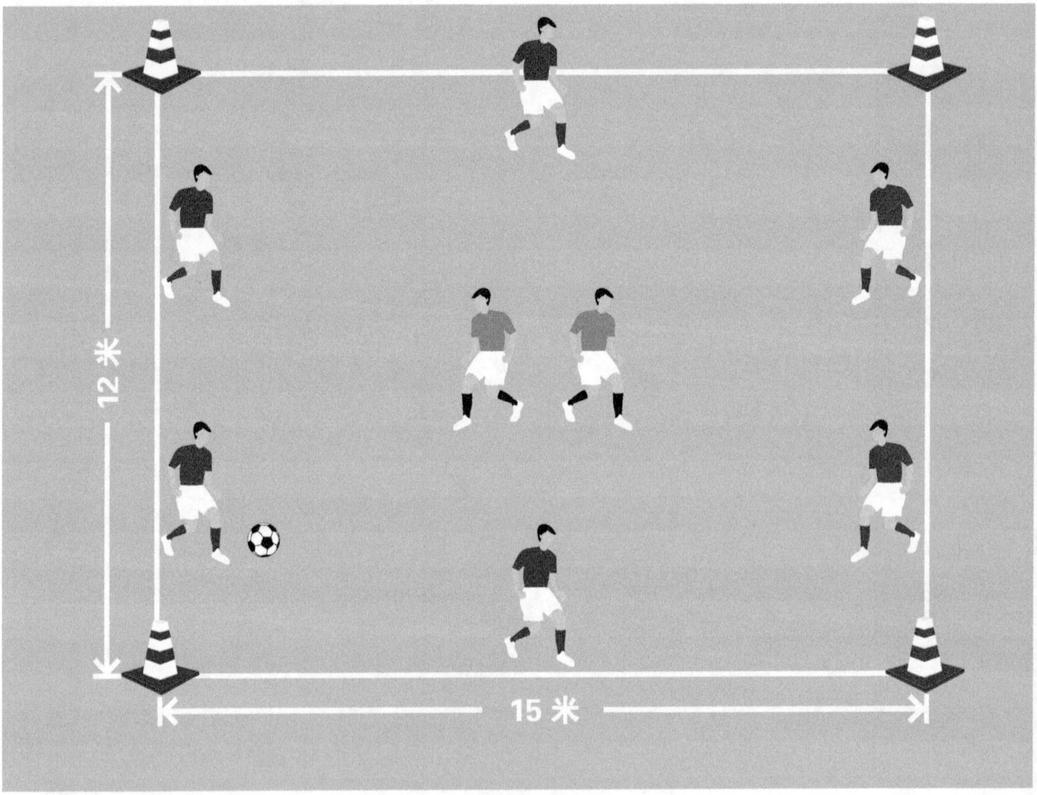

训练步骤

① 6 名球员作为进攻者，分散站在场地内，其中 1 名球员持球；2 名防守者站在场地中间。当听到教练的口令后，6 名进攻者开始传球，并防止球落入防守者手中。进攻者可以用脚弓或外脚背传球，并且只能在 2 次触球内传球。

② 如果防守者抢断球或球跑到场地外，那么出现失误的进攻者将变为防守者，而对应的防守者变为进攻者。连续练习 15 分钟，失误次数最少的球员获胜。

地面传球（通过多个球门进球得分）

通过多个球门进球得分是球员与队友配合，在保持控球权的同时进行成功射门的练习。练习时传球要准确且速度要合适，配合进攻防守较弱的球门。

准备工作 用4个锥桶标记出1个40米×40米的场地，用标示盘在场地内随意标记6个小球门。每个小球门宽2米，所有球员平均分成2组位于场地内。

人数	8~12人，须为偶数
时间	15分钟

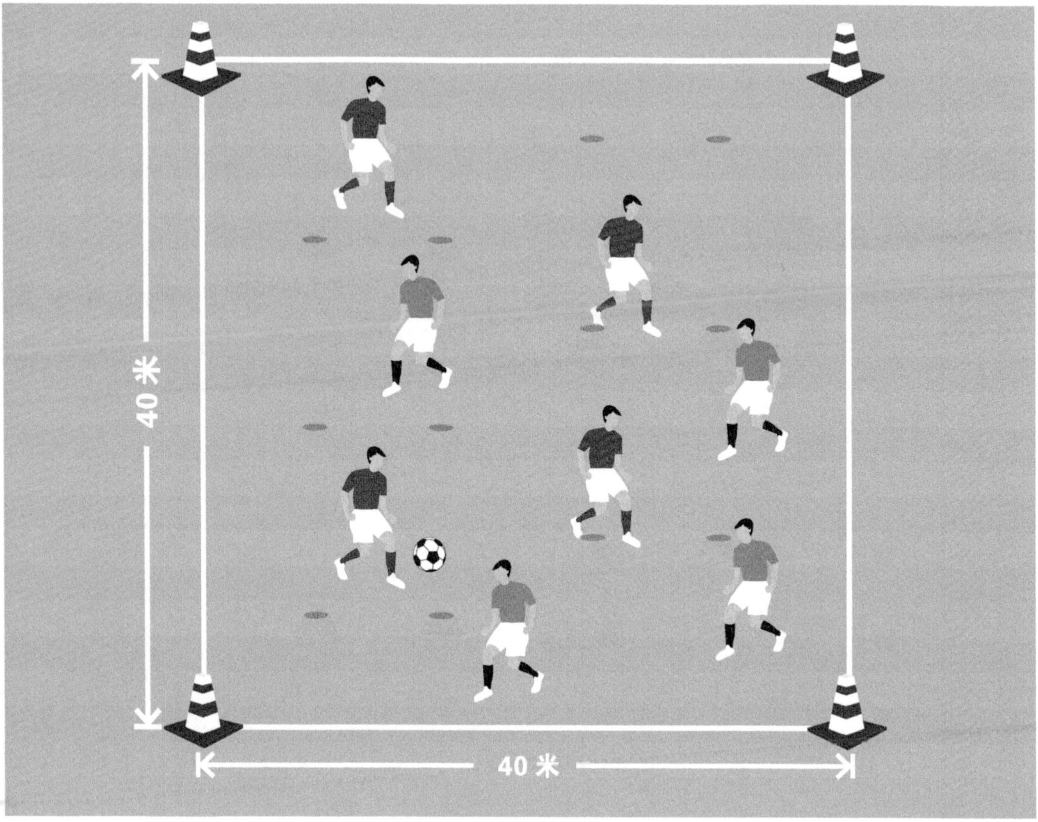

训练步骤

① 每组4~6名球员，2组球员可以通过6个小球门得分，同时也要进行防守。球员必须将球从球门中传给球门另一侧的队友，每成功一次得1分。球员可以从球门的任意一侧将球传过去，但不能连续2次从相同的球门传球。

② 进球后除了不能改变控球权及忽略越位犯规，别的规则都和正式足球比赛的规则一样。连续练习15分钟，得分最高的组获胜。

地面传球（一脚将球传给空闲的队友）

在练习时，目标球员要保持脚在移动，随时准备接球。面对来球时，目标球员向前迈步迎接球，踢球的脚保持稳定并将球踢向目标位置。

准备工作	4 名球员位于场地内，其中 3 名为供球球员，1 名为目标球员。
人数	4 人
时间	15~20 分钟

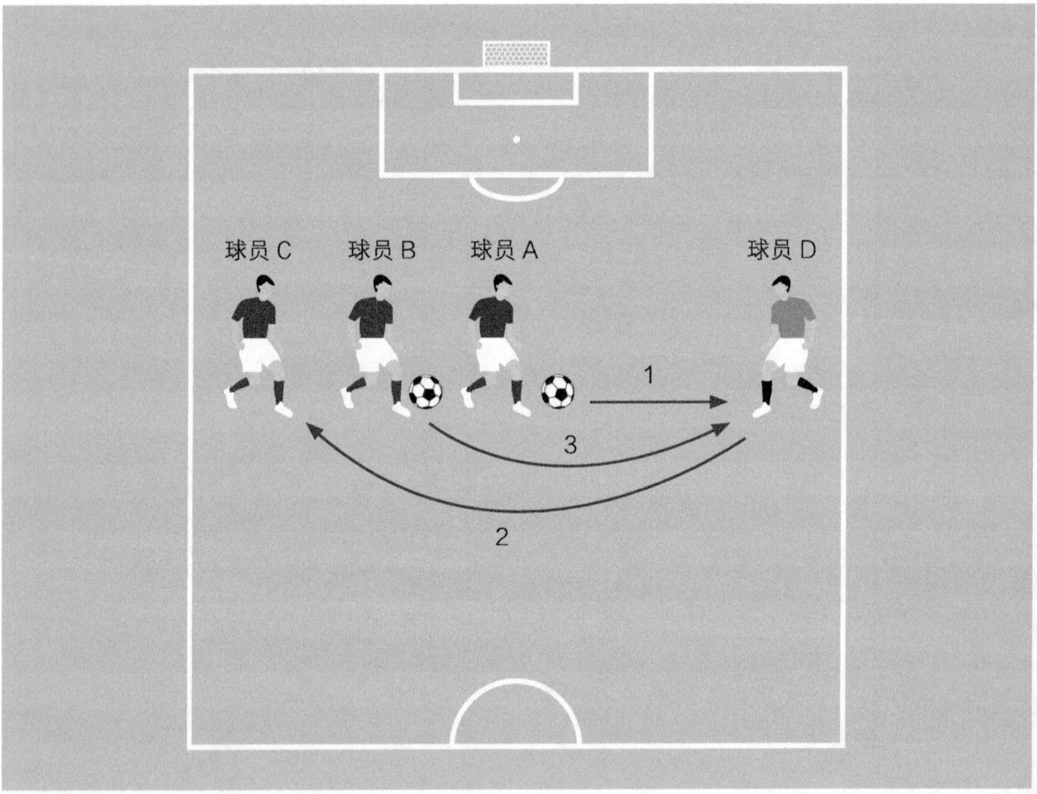

训练步骤

① 球员 A、B、C 间隔相同距离并列站立，其中球员 A 和球员 B 各持一个足球，球员 D 在稍远的地方面向供球球员站立。当听到教练的口令后，球员 A 将球传给球员 D，球员 D 接球后，用脚弓或外脚背一次触球将球传给球员 C。接着球员 B 迅速将球传给球员 D，球员 D 再将球传给目前没有球的球员 A。

② 以最快的速度练习传球 40 次，然后目标球员与供球球员依次交换位置，如此反复练习，直到每名球员都做过一次目标球员。每成功一次触球并将球传给供球球员得 1 分，得分最高的球员获胜。

地面传球（移动目标）

移动目标练习是把目标球员当作移动的球门，可以提高球员传球的精准度。练习时要选择合适的传球技术，将球踢向目标位置。

准备工作 用4个锥桶标记出一个30米×30米的场地，5名球员为追逐者位于场地外，其余球员位于场地内。

人数 10~12人

时间 10分钟

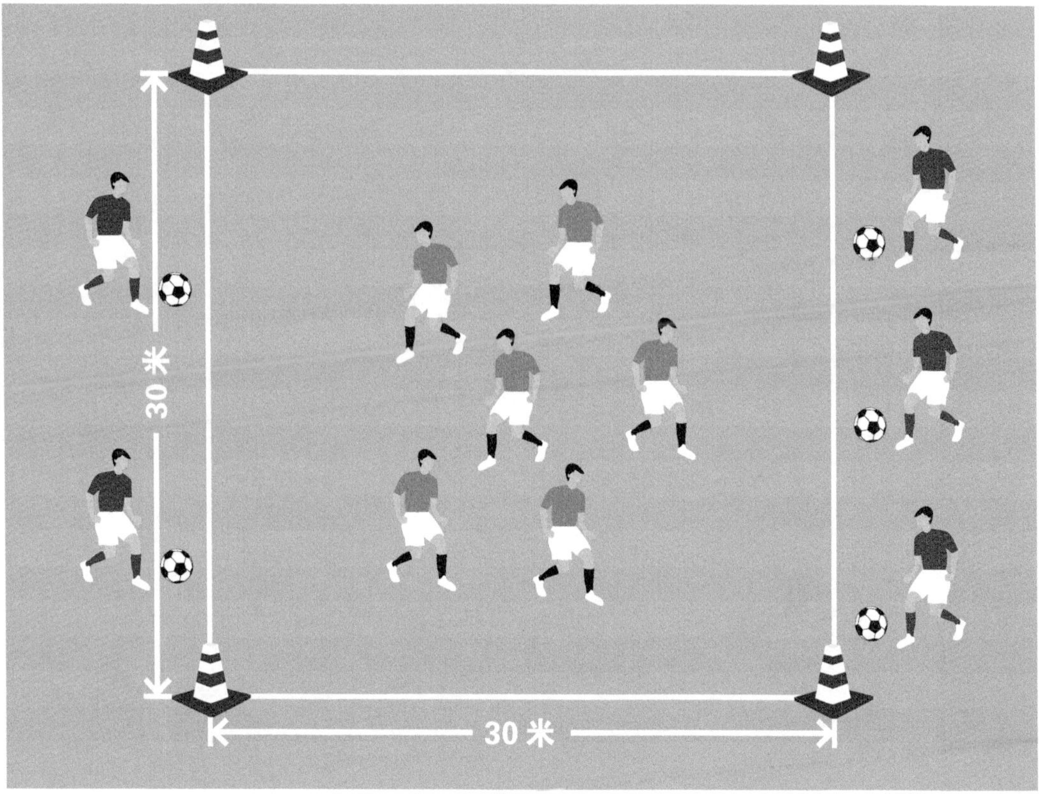

训练步骤

① 5名场地外的追逐者各持一个足球，在场地内的目标球员不持球。当听到教练的信号后，追逐者带球进入场地内，传球并击中移动的目标球员膝盖以下的部位。目标球员可以通过突然改变速度和方向来躲避追逐者的球。被球触碰到的目标球员要将球停下来，并回传给追逐者。

② 如果球触碰到目标球员膝盖以下的部位，追逐者得1分。连续练习5分钟后，角色互换，再练习5分钟，最后得分最高的球员获胜。

地面传球（传球并移动到空白处）

传球并移动到空白处可以锻炼球员的反应能力，球员在接球后迅速触球并跑向目标点。在熟练掌握后，球员可以使用一次触球来传球，以增加训练难度。

准备工作	用4个锥桶标记出1个30米×30米的场地，在场地中间放置1个锥桶作为标记物，4名球员位于场地内。
人数	4人
时间	15~20分钟

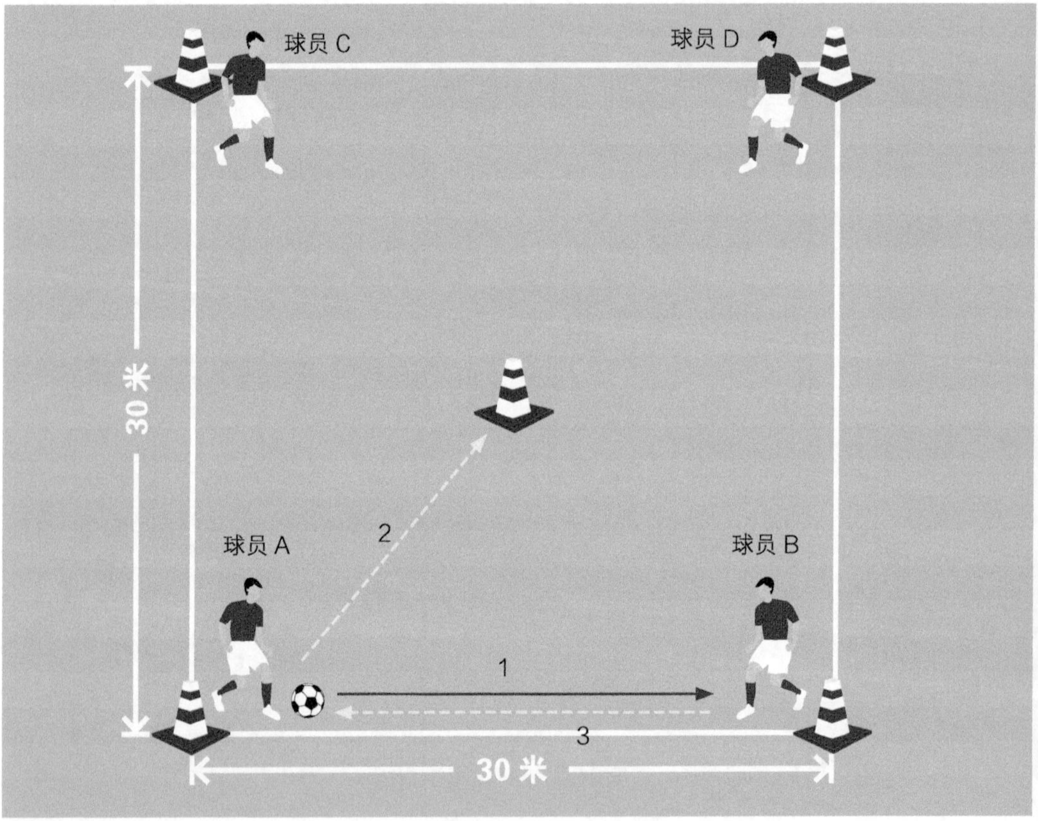

训练步骤

① 4名球员分别站在场地的4个角处，球员A持球。听到教练的信号后，球员A将球传给球员B，然后迅速跑向场地中间的标记物处。球员B接球后立即将球传给其他球员，然后跑到球员A之前的位置。

② 每名球员将球传给队友后都跑向没有人的标记物处，如此重复练习。每次将球准确地传给队友后，队友要在标记物的1米范围接到球。以接近比赛的速度练习，直到每名球员传球30次以上。

地面传球（将球传给第三者）

将球传给第三者指每名球员将球传给下一个锥桶处的球员，然后接一次触球的短距离回传，接着将球传给相对顺序中的下一名球员，在传球后要快速前冲去接回传的球。

准备工作　用 4 个锥桶标记出 1 个 15 米 ×15 米的场地，5 名球员位于场地内。

人数　5 人

时间　15~20 分钟

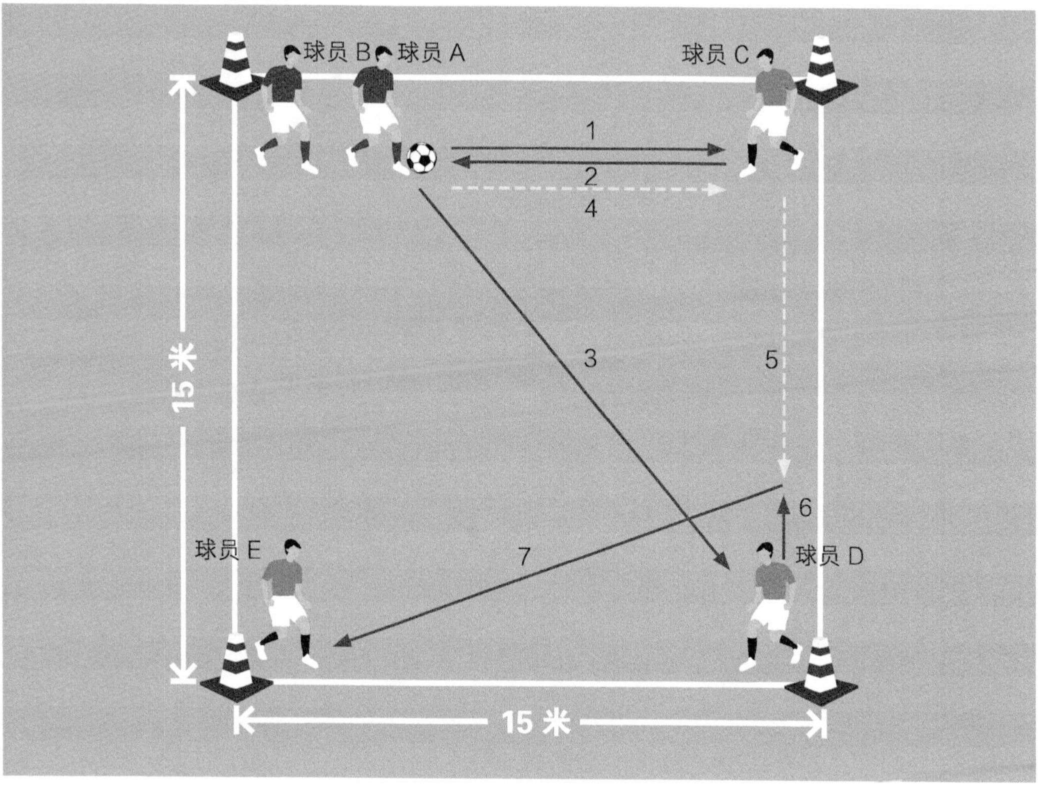

训练步骤

① 球员 A 和球员 B 站在第一个锥桶处，球员 A 持球。其他球员分别站在另外三个锥桶的位置处。当听到教练的信号后，球员 A 将球传给球员 C，然后迅速向前跑，球员 C 接到球后一次触球将球回传给球员 A。然后球员 A 将球传给球员 D，并跑向球员 C 的位置。球员 C 跑向球员 D 的位置，并接来自球员 D 一次触球的短距离传球，然后将球传给球员 E。

② 如此重复练习，直到每名球员传球 40 次。球员将球准确地传给相对顺序中的第三名球员得 1 分，得分最高的球员获胜。

空中传球（越过头顶吊球）

越过头顶吊球可以锻炼球员的远距离传球能力。3名球员之间相互配合，1名球员先短而有力地将球踢向目标，接球后的球员再踢出远距离的吊球。

准备工作 3 名球员位于场地内。

3 人

15~20 分钟

2

球员 A

球员 B

球员 C

1

20 米

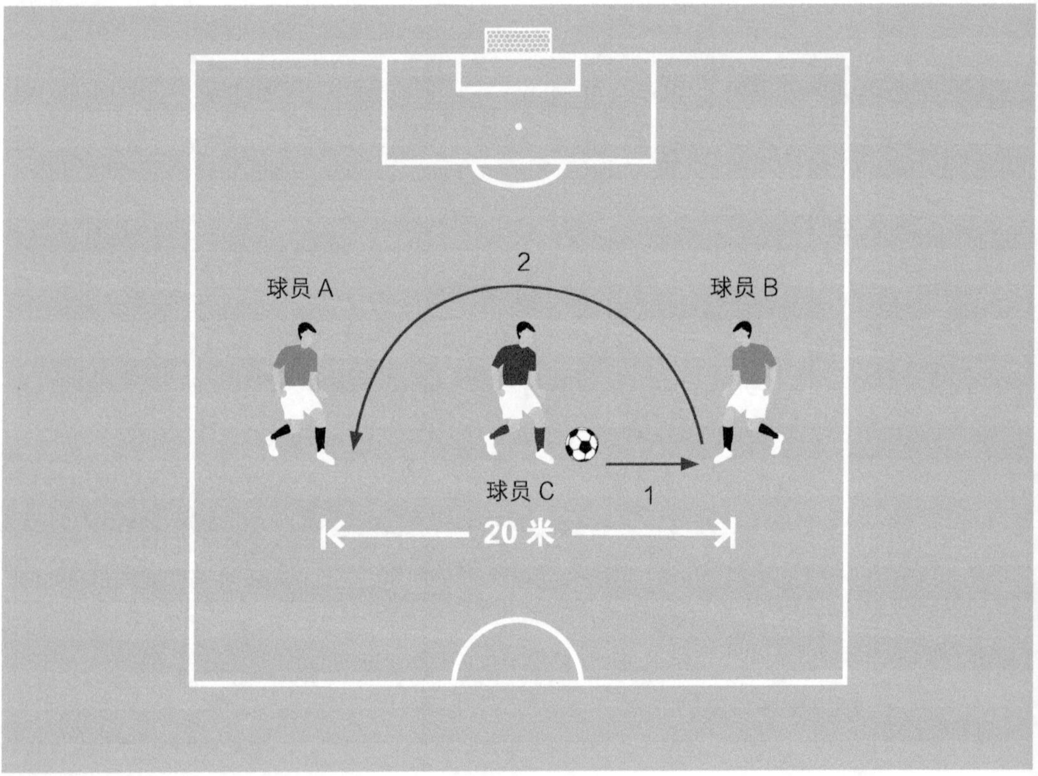

训练步骤

① 球员 A 与球员 B 距离 20 米远面对面站立，球员 C 持球，站在两者中间。当听到教练的信号后，球员 C 以缓慢的速度将球传给球员 B，球员 B 向前移动，在两步内接球并将球从球员 C 的头顶传过去，使球落在球员 A 脚下。每次吊球后球员之间交换位置；球员 B 跟随球跑到球员 A 的位置，球员 C 跑到球员 B 的位置，球员 A 带球来到球员 C 的位置。

② 如此反复练习，直到每名球员空中传球 30 次。踢出吊球的球员使球越过中间球员的头顶并落在接吊球的球员 1 米范围内得 1 分，得分最高的球员获胜。

空中传球（短-短-长组合模式）

此练习是先进行2次连续的短距离传球，短传必须沿地面进行，再进行一个长距离的空中传球。长传必须在空中进行并传给最远的球员。

准备工作　用 4 个锥桶标记出 1 个 50 米×30 米的场地，4 名球员 1 组，位于场地内。

人数：4~12 人，须为 4 的倍数

时间：10 分钟

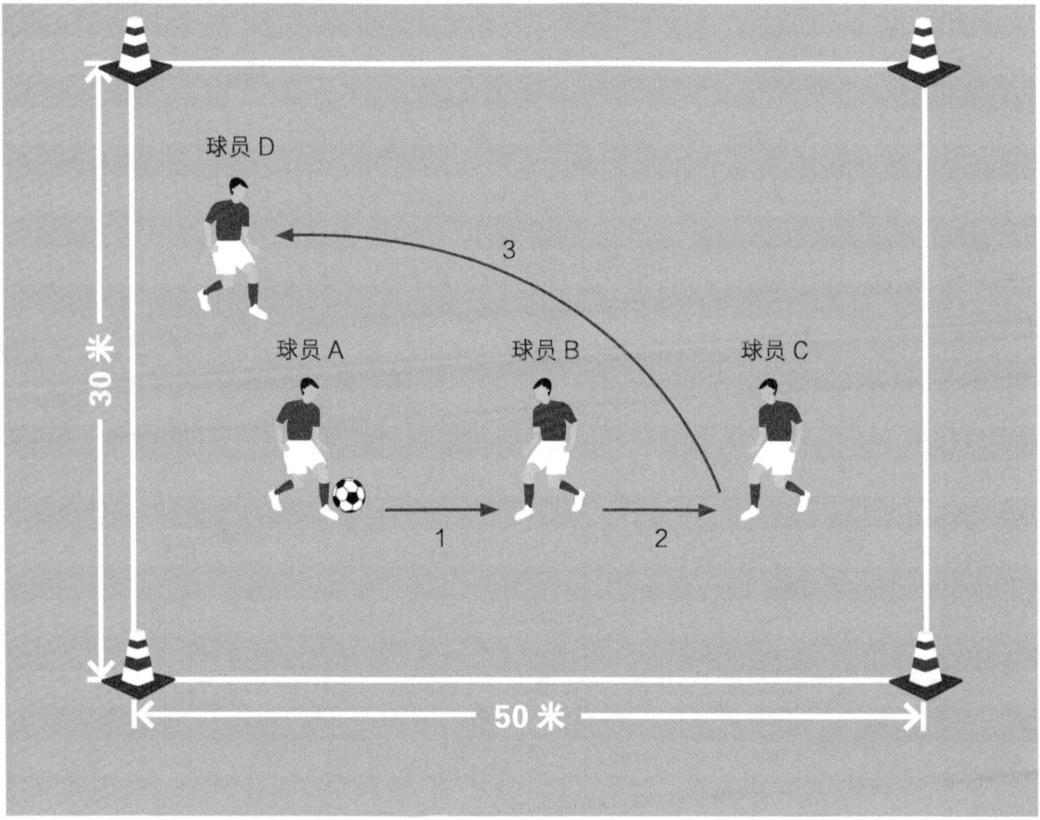

球员 D

3

球员 A　球员 B　球员 C

1　2

30 米

50 米

训练步骤

① 4 名球员 1 组，每组 1 个足球。球员 A 持球，当听到教练的信号后，先以短距离的地滚球将球传给球员 B。球员 B 接球后再以短距离的地滚球将球传给球员 C，球员 C 接球后以一个长距离的空中传球将球传给球员 D，球员 D 接球后带球到球员 A 的位置，其他球员也依序转换位置，如此反复练习。

② 以比赛的速度进行练习，如果空中传球没有落在目标球员 5 米的范围内，则传球者罚 1 分。连续练习 10 分钟，罚分最少的组获胜。

空中传球（转换进攻点）

转换进攻点是通过球员之间的配合来练习吊球技术，练习时可以通过调整空中传球落在目标点附近的距离来调整动作难度。

准备工作 用 4 个锥桶标记出 1 个 30 米 ×30 米的场地，6 名球员位于场地内。

人数　6 人

时间　10 分钟

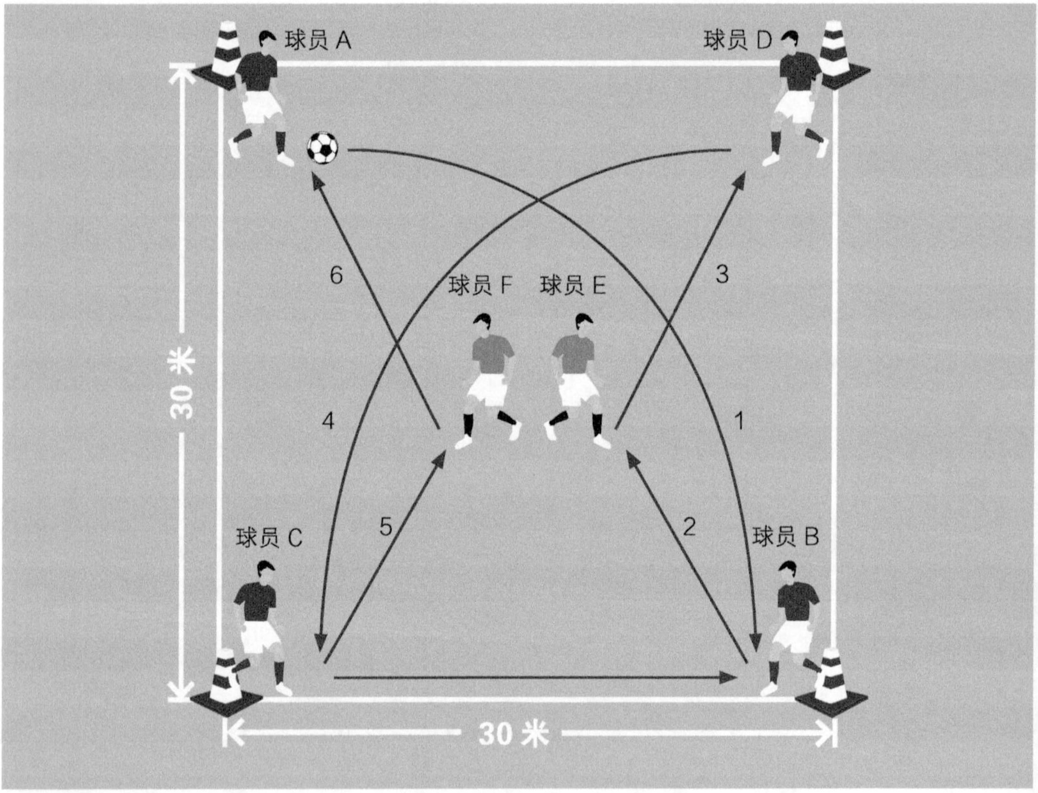

训练步骤

① 球员 A、B、C、D 分别站在场地的 4 个角落，球员 E 和 F 站在场地中间。球员 A 持球，当听到教练的信号后，球员 A 通过空中传球将球传给球员 B，球员 B 接球后将球传给场地中间的球员 E；球员 E 转身以地滚球将球传给球员 D，球员 D 再以吊球将球传给对角线上的球员 C；球员 C 将球传给场地中间的球员 F，球员 F 转身将球传给球员 A，如此反复练习。

② 球员根据传球方向转换在场地内的位置，每次踢出适合对方空中接球的吊球得 1 分。连续练习 10 分钟，得分最多的球员获胜。

单边传球（3对1基本训练）

3对1基本训练是3名球员相互传球，1名球员进行拦截的训练，它可以锻炼球员的防守能力。

准备工作	用 4 个锥桶标记出 1 个 5 米 × 5 米的场地，4 名球员位于场地内。

人数　4 人

时间　10 分钟

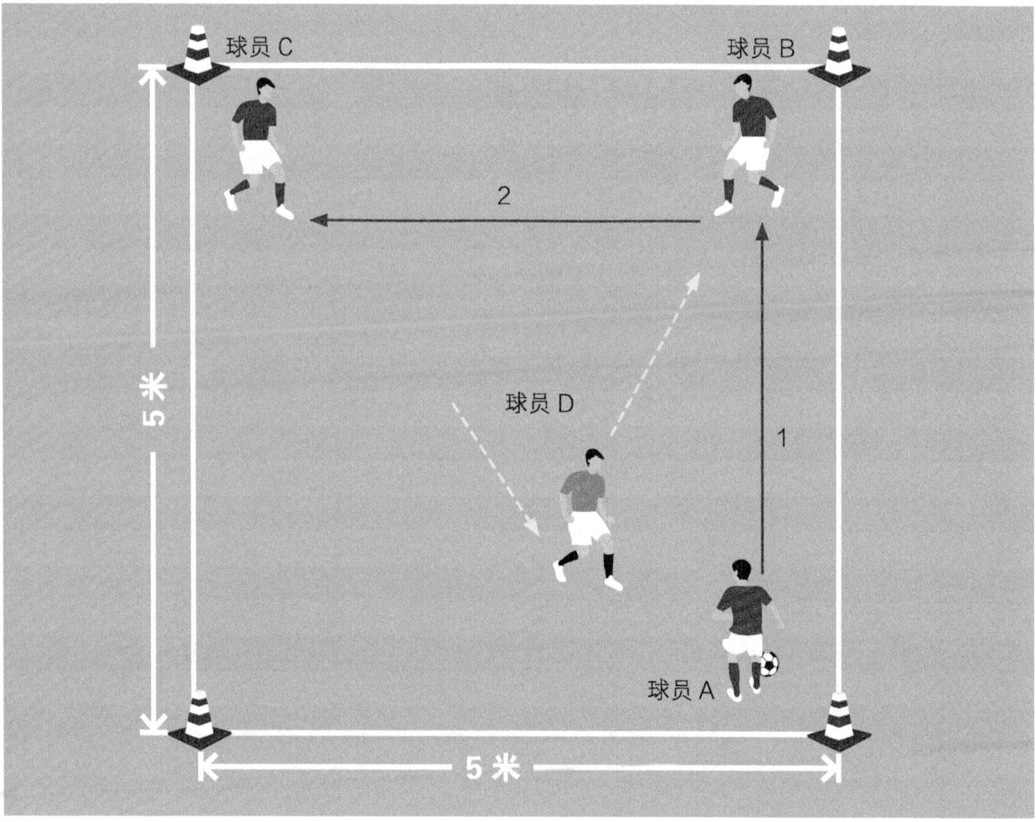

训练步骤

① 球员 A、B、C 分别站在场地的 3 个角落，球员 D 站在场地中间。球员 A 持球，当听到教练的信号后，球员 A 将球传给球员 B，球员 B 接球后再将球传给球员 C，球员 C 接球后再将球传给球员 A，如此连续单方向传接球，在球运动中球员 D 寻找机会触球。

② 站在角落的球员如果失去控球权，则与场地中间的球员交换位置，每次失误罚 1 分。连续练习 10 分钟，罚分最少的球员获胜。

单边传球［3对1对抗转变为3（+1）对1对抗］

此练习是在3对1基本训练的基础上增加了1名进攻球员。练习时，球员必须时刻观察场上情况，等待接球，让对手没有抢球的机会，同时为队友争取更多跑到位置的时间。

准备工作	用 6 个锥桶标记出 2 个 4 米×5 米的场地，4 名球员位于左侧场地内，1 名球员位于右侧场地内。

人数	5 人
时间	10 分钟

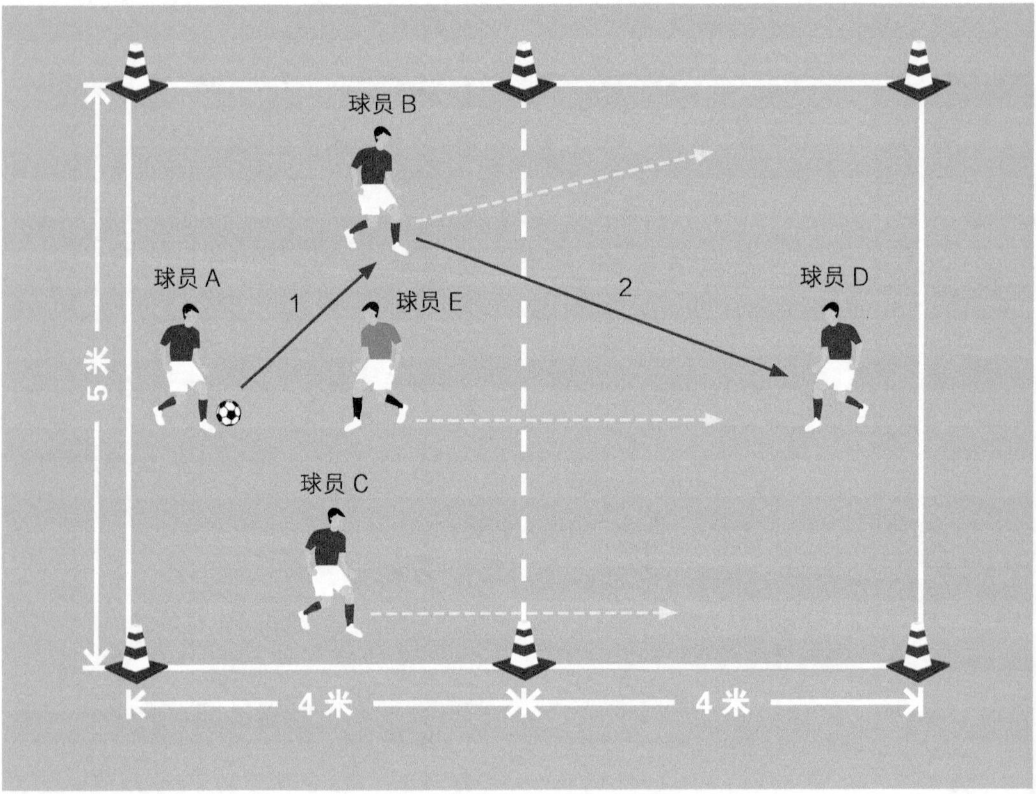

球员 B
球员 A
1
球员 E
2
球员 D
5 米
球员 C
4 米
4 米

训练步骤

① 球员 A、B、C 与球员 E 在左侧场地内进行 3 对 1 对抗，球员 D 站在右侧场地内。球员 A 持球，当听到教练的信号后，球员 A 将球传给球员 B，球员 B 接球后将球传给在右侧场地内的球员 D。

② 如果成功向球员 D 传球，球员 B、E、C 将同时跑向右侧场地，继续进行 3 对 1 对抗；如果球员 E 成功触球，那么失误的球员就与其交换位置。每次成功传球给对侧场地的球员，得 1 分。连续练习 10 分钟，得分最多的球员获胜。

单边传球（4对2基本训练）

4对2基本训练可以提升球员的精准传球能力，传球时要观察防守缺口，将球准确地传给队友，防守球员也要巧妙地防守并诱导对手传球失误。

准备工作 用 4 个锥桶标记出 1 个 9 米×9 米的场地，4 名进攻球员和 2 名防守球员位于场地内。

人数	6 人
时间	10 分钟

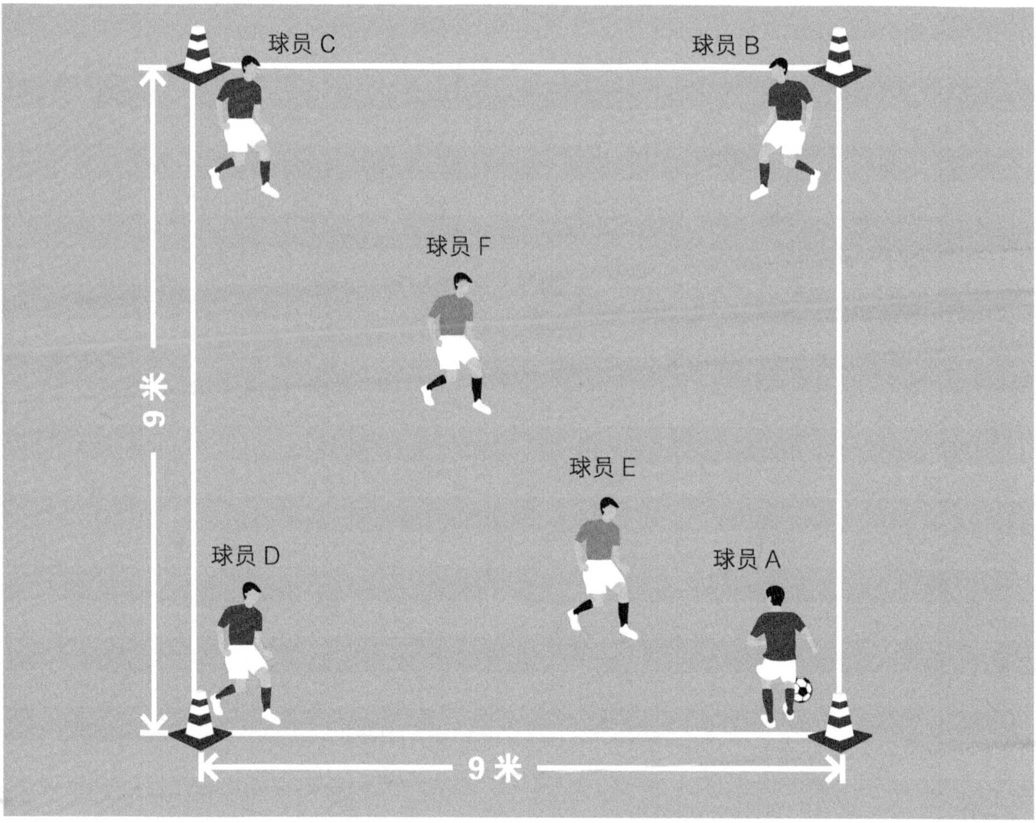

球员 C　球员 B

球员 F

9 米

球员 E

球员 D　球员 A

9 米

训练步骤

① 球员 A、B、C、D 分别站在场地的 4 个角落，球员 E 和 F 站在场地中间。球员 A 持球，当听到教练的信号后，站在角落里的 4 名进攻球员可以自由传球，而在场地中间的 2 名防守球员要寻找时机触球。

② 如果站在角落的球员出现失误，使站在场地中间的球员碰到球，则 2 名球员相互交换位置。每次失误罚 1 分。连续练习 10 分钟，罚分最少的球员获胜。

单边传球 [4对2对抗转变为4对2（+2）对抗]

此练习指球员在2个场地中转换比赛形式，进攻球员要充分利用防守缺口进行准确传球，防守球员则要尽力阻拦对手的进攻。

准备工作 用6个锥桶标记出2个9米×9米的场地，6名球员位于左侧场地内，2名球员位于右侧场地内。

人数	8人
时间	10分钟

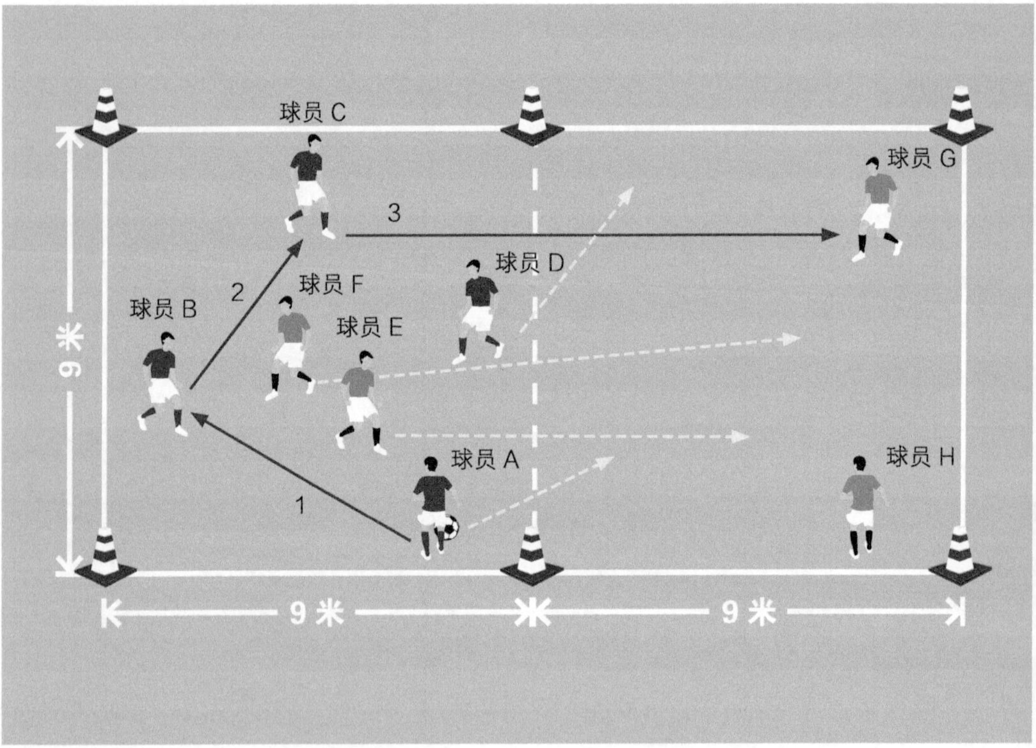

训练步骤

① 进攻球员A、B、C、D与防守球员E、F在左侧的场地内进行4对2对抗，球员G、H站在右侧场地内。球员A持球，当听到教练的信号后，球员A将球传给球员B，球员B传球给球员C，球员C再将球传给站在右侧场地的球员G。

② 如果成功将球传给站在右侧场地的球员，则靠近右侧的2名进攻球员和2名防守球员立即跑向右侧场地继续进行4对2对抗。如果防守球员成功触球，那么失误的进攻球员就与其交换位置。每次成功传球给对侧场地的球员，得1分。连续练习10分钟，得分最多的球员获胜。

单边传球 ［4对2对抗转变为4对2（+1 +1）对抗］

此练习在锻炼球员配合能力的同时，还能提高球员的长传技术。球员要时刻观察场上状况，正确地跑向对抗场地，进行新的对抗练习。

准备工作　用 8 个锥桶标记出 3 个 9 米 ×9 米的场地，6 名球员位于中间场地，两侧的场地各站 1 名球员。

人数	8 人
时间	10 分钟

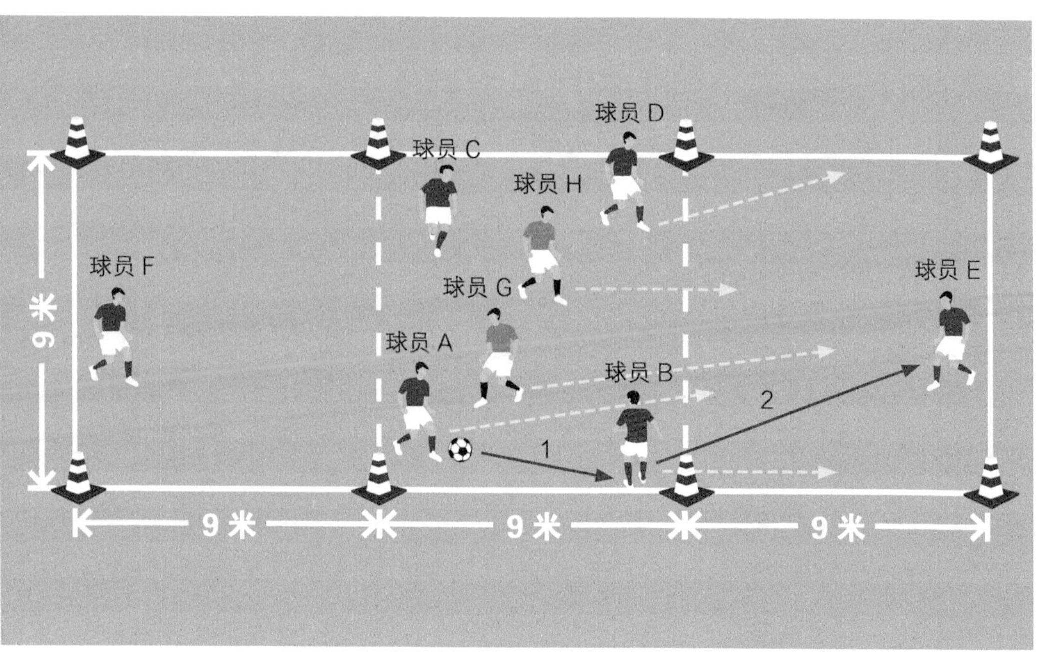

训练步骤

① 进攻球员 A、B、C、D 与防守球员 G、H 在中间的场地内进行 4 对 2 对抗，球员 E、F 分别位于左右两侧的场地内，并尽量远离中间场地。球员 A 持球，当听到教练的信号后，球员 A 将球传给球员 B，球员 B 再将球传给球员 E。随后 3 名进攻球员和 2 名防守球员立刻跑向右侧场地，继续进行 4 对 2 对抗。

② 如果成功将球传给两侧场地的球员，靠近该侧场地的 3 名进攻球员和 2 名防守球员要立刻向前跑去，从而形成新的 4 对 2 对抗阵形。如果防守球员成功触球，那么失误的进攻球员就与其交换位置。每次成功传球给对侧场地的球员，得 1 分。连续练习 10 分钟，得分最多的球员获胜。

单边传球（在正方形外进行4对4对抗）

在正方形外进行4对4对抗可以提高球员的传球技术，球员在传球时要快速定位防守缺口，迅速果断地出球。正方形场地的大小可以根据球员的水平进行调整。

准备工作　用4个锥桶标记出1个14米×14米的场地，4名球员位于场地外，4名球员位于场地内。

人数	8人
时间	10分钟

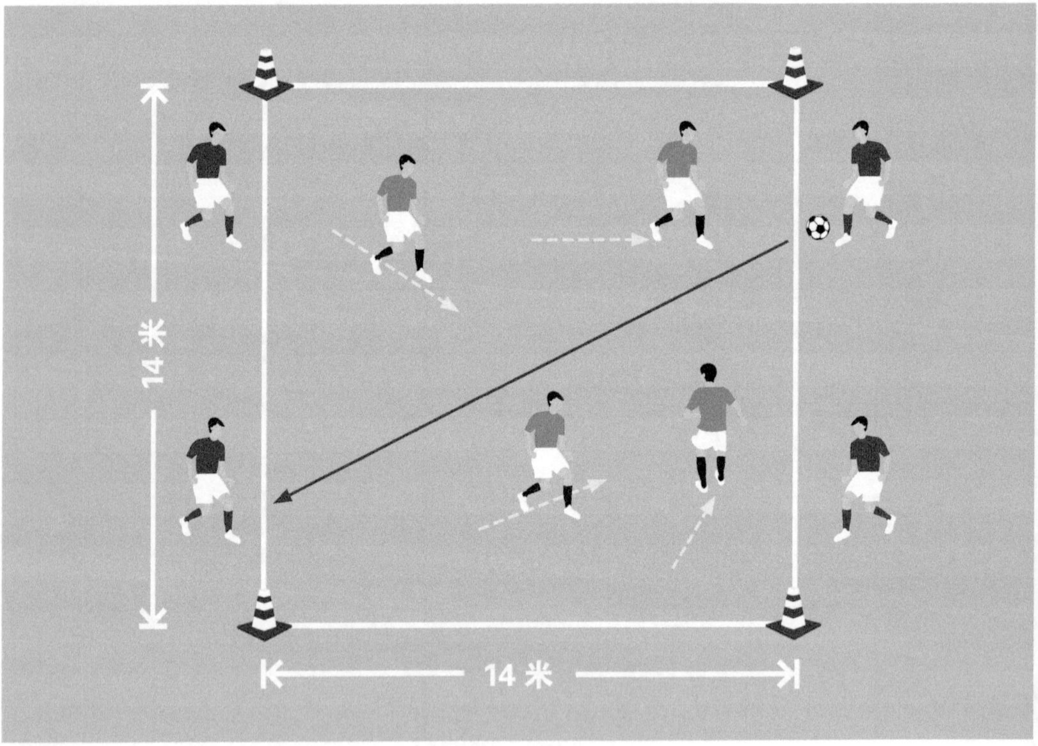

14米

14米

训练步骤

① 场地外的球员持球，使球穿越场地到达队友处，场地内的球员试图拦下球并获得控球权。

② 如果场地外的球员成功将球传给队友，得1分。连续练习5分钟，然后场地外的4名球员与场地内的球员交换位置，再练习5分钟，最后得分最多的球员获胜。

单边传球（在长方形中进行4对4对抗）

在长方形中进行4对4对抗，是通过出色的阵形布置和球员的移动方式来创造很多传球的机会。球员要快速准确地传球，防止球被拦截。

准备工作	用 4 个锥桶标记出 1 个 18 米 ×14 米的场地，8 名球员位于场地内。

人数	8 人
时间	10 分钟

训练步骤

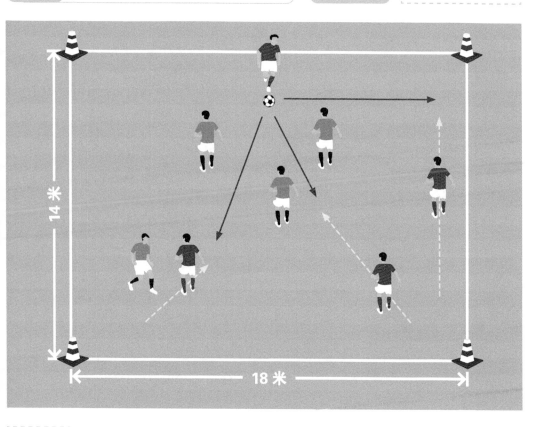

① 所有球员分成 2 组，4 名进攻球员和 4 名防守球员站在场地内，在完成一定数量（如 10 次）的传球后，进攻方可以得 1 分。防守方的球员则要通过巧妙的防守来阻止对方传球。如果防守球员成功抢到球，则尽量保留控球权。

② 连续练习 5 分钟，然后进攻方的 4 名球员与防守方的球员交换攻防身份，再练习 5 分钟，最后得分最多的组获胜。

小型比赛（运球员对抗传球员）

在熟练掌握运球员对抗传球员练习后，球员可以改变锥桶间的距离。

准备工作 用8个锥桶标记出1个9米×5米的场地和1个5米×2米的场地。所有球员位于场地外。

人数：12~18人，须为偶数

时间：15~20分钟

训练步骤

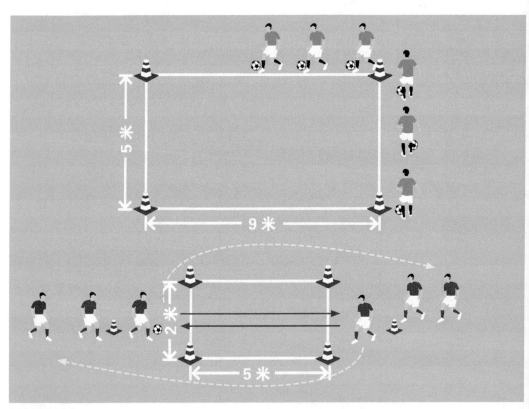

① 所有球员分成2组：一组球员在小场地的两边均等分散站立，传球员持球；另一组球员每人持球，在大场地的开始位置排队站立。当听到教练的信号后，小场地的球员尽可能快地在场地之间来回传球，传球后快速跑向另一侧队尾，每次成功触球得1分。同时另一组球员绕着大场地运球。

② 大场地的球员回到各自开始的位置后，此局比赛结束，教练计算这段时间内小场地球员的得分数，注意不能进入长方形内传球。

③ 2组球员交换场地，继续练习。多局结束后（局数为偶数），得分高的组获胜。

小型比赛（绕着正方形传球）

绕着正方形传球是2个小组进行比赛，在规定时间内，看哪个小组围绕场地的传球次数更多。此动作在提高球员传球技术的同时能增强球员之间的配合能力。

准备工作 用8个锥桶标记出2个5米×5米的场地，8名球员位于场地外。

人数	8人
时间	2分钟

训练步骤

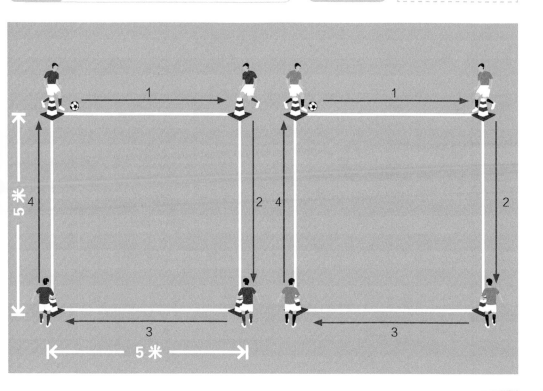

① 8名球员平均分成2组，分别站于2个场地外的边角处，每组1名球员持球。当听到教练的信号后，2组尽可能快地绕着场地传球。

② 连续练习2分钟，在规定时间内完成传球次数最多的组获胜。

小提示

练习时，如果球员为6或10人，那么可以将场地设置为边长5米的三角形或正五边形，让所有球员同时进行比赛。

小型比赛（传球）

此动作需要队友相互配合，将篮球踢向对方线内。球员需有良好的洞察力，在恰当的时机踢球，防止自己的球与队友的球碰撞使篮球偏离方向。

准备工作	用 4 个锥桶标记出 1 个 14 米 ×14 米的场地，中间放置 2 个篮球，所有球员位于场地外的两端。

人数	8~12 人，须为偶数
时间	10~15 分钟

14 米

14 米

训练步骤

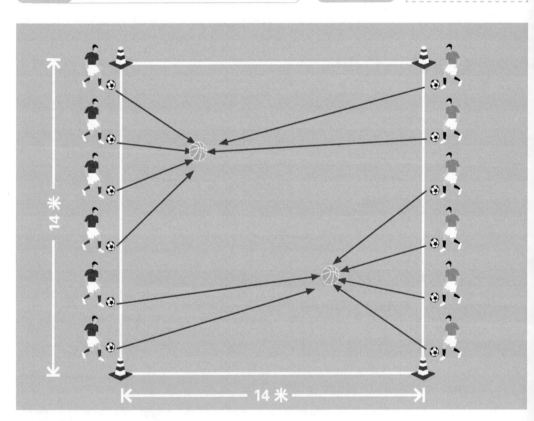

① 所有球员平均分成 2 组，每名球员持 1 个足球站在场地外的两端。当听到教练的信号后，2 组球员开始将自己的足球踢向篮球，将篮球踢到对方的边线外。

② 球员只能站在场地外踢球，如果足球在球员可以触碰到的场地内，他们可以快速将球带出来。如果篮球被成功踢到对方边线外，那么本组就可以得 1 分，最先获得 3 分的组获胜。

第 3 章

带球过人

带球过人是球员在控球与进攻能力上重要的表现形式。当防守球员靠近施加压力时，进攻球员可巧妙地利用速度或动作方向的变化来突破防守。熟练掌握与运用带球过人技术，对改变比赛节奏、变化战术及创造射门机会都有很大的帮助。

带球基本技术（带球越过对手）

带球越过对手是在控球移动的基础上，利用身体的重心变化快速改变动作方向，从而突破防守的一种技术。比赛时合理运用此技术可以起到调控比赛节奏、转变战术等效果。

两名球员保持一定距离面对面站立。进攻球员朝着防守球员带球前进，保持身体平稳，让球在控制范围内，并观察对手的举动。

当对手施压时，进攻球员向左移动重心，并做试图向左带球的假动作。

防守球员跟随向左防守时，进攻球员迅速向右移动重心。

进攻球员迅速用右脚向右前方踢球，越过防守球员。

小提示

在带球前进时，要让球位于身体下方，尽量靠近脚部。在这种姿势下，身体可以快速改变方向，且球可以被近距离控制。球员还应在身体下方保持较大的控制区域，使球和对手间形成间隔。

带球基本技术（通过带球获得速度）

在转守为攻时，如果发现对手在前方进行拦截，这时就需要尽快接近球门。可以用外脚背将球踢向场地开阔处，然后迅速跑向球并再次带球前进。

知识点

技术要点

向前踢球时，要让球在脚前方，大步跑向前踢球。不要像通过带球来获得严密控制那样每前进一两步就触球。

身体直立，保持跑步姿势向前带球，要使球始终处于控制范围内。

用外脚背触球，将球向前推，然后快速向前跑去，沿着直线跑向球门。

用流畅的大步伐跑动，加速跑向球，继续用脚推球前进。

弹性带球

弹性带球是具有一定难度的技术动作，球员除了要具有良好的足球功底，还要在场上占据有利位置；最重要的是有良好的判断，以便预测对手的下一步动作。

进攻球员用右脚外脚背触球，高频率小步幅地向防守球员的左脚方向带球前进。

进攻球员通过高频率小步幅带球，向对手施加压力，迫使对手后退。

接近防守球员后，进攻球员观察对手的脚下动作，做出准备用外脚背向右踢球的假动作。

当防守球员身体向该侧移动时，进攻球员迅速用右脚将球拨到对手的正面。

进攻球员用右脚脚弓将球向自己的左前方踢出，这时防守球员已经来不及伸脚拦截足球。进攻球员支撑脚蹬地后，立刻加速移动，一口气摆脱防守。

小提示

在练习过程中，球员还要练习预测对手的心态和想法。

之字形踩单车

之字形踩单车是指在球的四周做快速绕圈的假动作，使对方产生错误的判断来带球过人。此技术的重点不仅仅是脚要跨过球，身体的重心也要随之变化。

身体直立，保持跑步姿势向前带球，足球处于身体下方。

右脚在带球前进的同时，保持球在身体的控制范围内。

左脚保持身体平衡，右脚像画圈一样，由内向外跨过足球，给对手造成自己想要向右拨球的错觉。

小提示

使用此技术可以使防守球员的身体失去平衡，在其重新恢复平衡前，我方迅速带球突破。

趁对手向右移动时，用左脚的外脚背向左拨球，摆脱防守，继续带球前进。

克鲁伊夫转身

克鲁伊夫转身是以荷兰籍足球名将约翰·克鲁伊夫命名的。踢球时将脚向后抬起，做出要大力踢球的假动作，使对手放松戒备，在脚落下的瞬间用脚弓击球的外侧，改变球的方向。

身体直立，保持跑步姿势向前带球，足球处于身体下方。

手臂打开以保持身体平衡，右腿向后摆，做出要大力踢球的假动作。

左脚抓地支撑身体，右腿外摆，对准球的外侧。

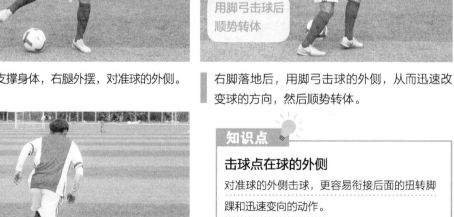

用脚弓击球后
顺势转体

右脚落地后，用脚弓击球的外侧，从而迅速改变球的方向，然后顺势转体。

知识点

击球点在球的外侧

对准球的外侧击球，更容易衔接后面的扭转脚踝和迅速变向的动作。

左脚站稳后，让球从左脚后侧通过，顺势扭转身体，改变方向，继续带球前进。

马赛回旋

使用该技术时，进攻球员要始终让球处于自己的可控范围内，观察防守球员的动作并做出判断。

身体直立，保持跑步姿势向前带球，足球处于身体下方。

在防守球员近距离拦截前，用右脚脚底将球停住。

转身的同时双腿交换，使左脚控球，右脚支撑身体，身体背对防守球员。

摆脱防守后，继续带球前进。

小提示

进攻球员使用此技术要把握好时机，在防守球员逼近前停球；转身时要正好背对防守球员，转身的方向要根据场上的实际情况来判断。

彩虹过人

彩虹过人是通过帽子戏法来达到摆脱防守的技术。双脚夹球时，要让球沿着支撑腿向上移动，再用支撑脚的脚跟将球从背后准确踢起。

身体直立，保持跑步姿势向前带球，逐渐调整双脚和球之间的距离。两脚前后分开，将球夹住。

用右脚脚尖将球沿左腿向上带起。

左腿上抬的同时起跳，用左脚脚跟向上踢球。

踢球时脚跟尽量抬高，身体顺势前倾，防止球击中自己的后背。

球从头顶飞过，双眼要始终盯着球。

摆脱防守，接球后继续带球前进。

插花脚过人

插花脚过人是两腿交叉踢球的技术，一般在自身弱侧的一方想用惯用脚传球或射门时使用。

球员与球保持一定距离站立，从球的右后方直线助跑。

双脚向足球移动时，双臂打开以保持身体平衡。

左脚踩在足球一侧支撑身体，右腿向后摆腿。

右腿绕到左腿后方，用右脚脚弓触球。

知识点

扰乱对手的节奏

如果想要踢出出乎对手意料的球，可以加入跨球动作。跨球后再使用插花脚过人可以扰乱对手的节奏。但此动作具有一定难度，球员需要多加练习。

带球过人（连续踩单车）

连续踩单车是双脚轮流进行跨球动作，当接近对手时，可用于突然进行变向突破。该动作的关键在于调整自己与防守球员之间的距离和带球的速度。

身体直立，保持跑步姿势向前带球，足球处于身体下方。

左脚保持身体平衡，右脚像画圈一样，由内向外跨过足球。跨球脚的动作幅度要大，给对手造成自己想要用外脚背击球的错觉。

右脚跨过足球后支撑身体，换左脚由内向外跨过足球。如此双脚交替多次重复跨球动作，寻找合适时机突破过人。过人后迅速进行下一步处理。

带球过人（双脚交替连击）

双脚交替连击是先用一只脚击球使球变向后，迅速用另一只脚将球踢出，从而突破防守。注意在改变球的方向时，身体的重心不要不稳，否则容易让对手猜出带球方向。

进攻球员与防守球员保持一定距离，进攻球员持球，使足球处于身体下方。

当防守球员施压后，进攻球员左脚踩地支撑身体，用右脚脚弓触球。

足球被踢至左侧的同时，进攻球员身体随之向左移动。

左脚触球，迅速带球向前推进。在防守球员来不及反应时，成功带球突破。

带球变向时动作一定要快，要在防守球员来不及反应的瞬间做出。身体与球同时移动，保证重心稳定，迅速带球突破。

带球过人（闪电踩单车）

闪电踩单车是在跨球后，将球从身体右侧变到左侧后前推，在防守球员身体重心不稳的瞬间带球突破。

进攻球员与防守球员保持一定距离，进攻球员带球前进，缩小与防守球员之间的距离。

当防守球员施压后，进攻球员右脚由内向外大步跨过足球。

跨过足球的同时，左脚上前。

右脚脚弓触球。

在足球被踢至左侧的同时，身体随之向左移动。

左脚触球，迅速将球向前推进。在防守球员来不及反应时，成功带球突破。

带球过人（脚底变向）

脚底变向是通过脚掌拨球使整个身体向一侧移动，从而突破防守的简单技术。脚掌在拨球时，要通过移动重心让支撑腿与球保持一定的距离，这样可以让防守球员在瞬间停下脚步。

进攻球员与防守球员保持一定距离，进攻球员带球前进的同时，与球保持一定距离。

当防守球员施压后，进攻球员身体重心偏左，做出准备向左前方踢球的假动作。

右脚脚掌触球并向左拨球，同时身体也随之向左移动。右脚拨球后顺势前摆，使身体保持稳定。

用左脚脚弓接住横向滚动的球。

迅速将球向前推进。在防守球员来不及反应时，成功带球突破。

带球过人（变向转身与外脚背击球）

此技术可以使防守球员无法顺利防守。进攻球员灵活运用带球时的惯性，并利用大幅度转身来突破防守。注意变向时的力度不要太小，如果身体不能大幅度转动，球与转换的支撑腿就容易碰撞。

进攻球员与防守球员保持一定距离，进攻球员带球前进，缩小与防守球员之间的距离。

进攻球员接近防守球员后，观察球的位置，右脚踩地，以右腿为轴转体。

转体后左脚脚掌触球，并将球向后拉至身体下方，此时身体背对防守球员。

左脚外脚背触球，在完成转身的同时顺势带球前进，突破防守。整个动作迅速流畅。

带球过人（脚内外侧连续击球穿裆）

脚内外侧连续击球穿裆是利用对手胯下的空当，让球穿裆过人。此技术的重点是转换脚的内外侧要迅速，用脚弓踢球移动时保持身体重心稳定，以便及时瞄准对手出现的空当。

进攻球员与防守球员保持一定距离，进攻球员带球前进，缩小与防守球员之间的距离。

进攻球员的身体重心向左倾斜，做出右脚脚弓要将球向左前方踢的假动作。

进攻球员立刻用右脚外脚背击球，使球从防守球员的胯下穿过。

知识点

注意观察对手的动作

此技术的成功主要取决于准确观察对手的动向，开始的假动作主要用来引对手上钩。如果想让球通过对手胯下，就需要让对手留有足够的空间，否则球会被拦下。

进攻球员用右脚脚弓将球向左侧踢，同时身体随之向左侧移动。对球做出反应的防守球员胯下出现空当，这时进攻球员用右脚外脚背对准足球。

在防守球员来不及反应时，迅速突破防守，向球移动的方向跑去。

小提示

足球运动强调全场的紧逼和身体对抗，球员在实际比赛中出球的空间较小，这也给了穿裆过人更多机会。这种声东击西的技术可以让防守球员无暇反应，先假装要从防守球员的左侧突破，在球穿过对手胯下后，进攻球员立刻从对手的右侧跑过。

带球过人（踩单车+右脚内外侧连续击球）

此技术是在带球前进时，先用踩单车缩小与防守球员的距离，再用右脚脚弓和外脚背的迅速转换来改变球的运动方向。

进攻球员与防守球员保持一定距离，进攻球员带球前进，缩小与防守球员之间的距离。

当防守球员施压后，进攻球员右脚由内向外大步跨过足球。

身体重心落在左脚上，用右脚脚弓击球。

身体顺势向左后方移动，防守球员随即做出反应。

立刻用右脚外脚背击球，身体重心顺势右移。

在防守球员来不及反应时，迅速突破防守，向球移动的方向跑去。

人球分过（从内侧出球）

人球分过是一项突破防守的基本技术，一般在高速带球时使用。面对防守球员的阻拦，进攻球员可以先把球踢向一侧，再迅速跑向另一侧以绕过防守球员。

进攻球员与防守球员保持一定距离，进攻球员带球前进，缩小与防守球员之间的距离。

当防守球员施压后，进攻球员右脚内旋，向斜前方踢出足球。

进攻球员迅速从另一侧突破对手。

在防守球员来不及反应时，迅速突破防守，向球移动的方向跑去。

小提示

人球分过能否成功主要取决于出球的时机，如果带球时与防守球员距离过远，将球向反方向踢出时，防守球员就很容易追上球。

人球分过（从外侧出球）

此技术是利用向与球相反的方向跑来扰乱防守球员的判断，使用时，进攻球员要确认好防守球员身后具有足够的空间，触球的时机也非常重要。

进攻球员与防守球员保持一定距离，进攻球员带球前进，缩小与防守球员之间的距离。

当防守球员施压后，进攻球员身体朝内侧路线方向，通过脚踝变向，将球向外侧踢出。

进攻球员迅速从另一侧突破对手。

在防守球员来不及反应时，迅速突破防守，向球移动的方向跑去。

小提示

人球分过技术简单，且效果非常好。但如果不能掌握好踢球的力度和方向，就会导致球出界或是被对手拦截。因此在球踢出前，进攻球员要保证前面有足够的空间。

第 4 章

射门

射门即将球踢进对方的球门，是进攻的最终目标，也是赢得比赛的关键。射门的力度和精准度都是影响射门的因素，同时还有身体上的影响，如力量、速度和敏捷度都会影响命中率。球员在防守压力下保持精准的预判也非常重要。

4.1 个人射门训练

胸部停球后脚背踢球射门

此练习是先用胸部将球停住，再用脚背踢球射门。这样的把停球和踢球连接起来的组合动作，可以给对手造成有效攻击。

身体正对来球方向，双眼注视着球，观察来球的高度和速度。

双臂上抬，用胸部触球，降低球的冲力。

迅速收胸、收腹，让球小幅度弹起后下落。

球反弹后向下落，这时左脚抓地，右腿向后摆。

在球落地的瞬间，用右脚脚背触球，将球踢向球门。

将球踢出后，右腿随惯性大幅度上摆。

脚背射门练习（击中目标）

脚背射门是应用得最多的脚法，其踢球力度大，可以提高射门的命中率。球员在踢球时要保持身体稳定，可以通过拉大与球门之间的距离来提升训练难度。

在距离球门10米远的地方站立，前方放置一个足球，从球的斜后方助跑，目视足球。

接近足球后，左脚踩地支撑身体，右腿向后摆。

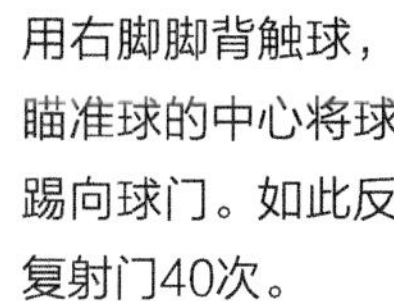

用右脚脚背触球，瞄准球的中心将球踢向球门。如此反复射门40次。

小提示

踢球时，力量要集中在脚背，用大腿带动小腿，脚掌紧绷，像鞭子一样突然发力，进行有力量且弧度大的射门。

凌空射门练习（抛球并凌空射门）

抛球并凌空射门是先将球抛向空中，在球快要落至地面时，用短而有力的触球将球踢向球门。此练习的重点是对时机的掌握，要能准确地踢到球。

站在球门前方，双脚自然分开，右手持球置于身前。

向上抛球

保持躯干不动，右臂上抬，将球向上抛。

始终目视足球，观察球的运动轨迹，为击球做准备。

球从空中下落，左脚抓地支撑身体，右腿向后摆。

在球落地的瞬间，用右脚脚背触球，将球踢向球门。

凌空射门练习（侧凌空射门）

侧凌空射门指踢空中球时，球员单脚支撑，另一只脚脚背绷直，大腿带动小腿迅速前摆，以脚背触球发力。该动作对球员的技术水平要求较高，球员需要在日常训练中培养瞬间发力的感觉。

供球球员站在距离球员20~25米处，向球员横向空中传球。球员始终目视足球，观察球的运动轨迹，向来球方向移动，为接球做准备。

在球接近时，左脚抓地支撑身体，右腿向后摆。

在球落地的瞬间，用右脚脚背触球，将球踢向球门。

小提示

踢球时腿部会经历一个加速发力的过程，大腿带动小腿，在脚背触球的瞬间发力。

将球踢出后，右腿随惯性大幅度上摆。

弧线球射门（目标练习）

弧线球是球在空中飞行时向不同方向旋转而形成的，具有速度快、旋转性强等特点。在比赛时，它可以使球员绕过防守进行射门，其巧妙的运动路线使对手防不胜防。

距离球门一定距离站立，前方放置一个足球，从球的斜后方助跑，目视足球。

用右脚脚背的内侧瞄准球中心偏左或偏右的位置，将球踢向球门。将球踢出后，右腿随惯性上摆。

小提示

触球点在中心偏右时，球的运动路线是向左；触球点在中心偏左时，球的运动路线是向右。通过旋转，能踢出运行轨迹弯曲的弧线球，一般适用于长传或射门。

接近足球后，左脚踩在足球侧后方的位置支撑身体，右腿向后摆，身体保持稳定。

用惯用脚连续练习30次。

4.2 团队射门训练

脚背射门练习（和目标球员配合射门）

和目标球员配合射门是指两名球员配合传球，然后进行射门。射门的球员要提前观察守门员的位置，在接球后立即将球踢向球门，不要控球。

准备工作	3 名球员位于场地内。

人数	3 人
时间	15~20 分钟

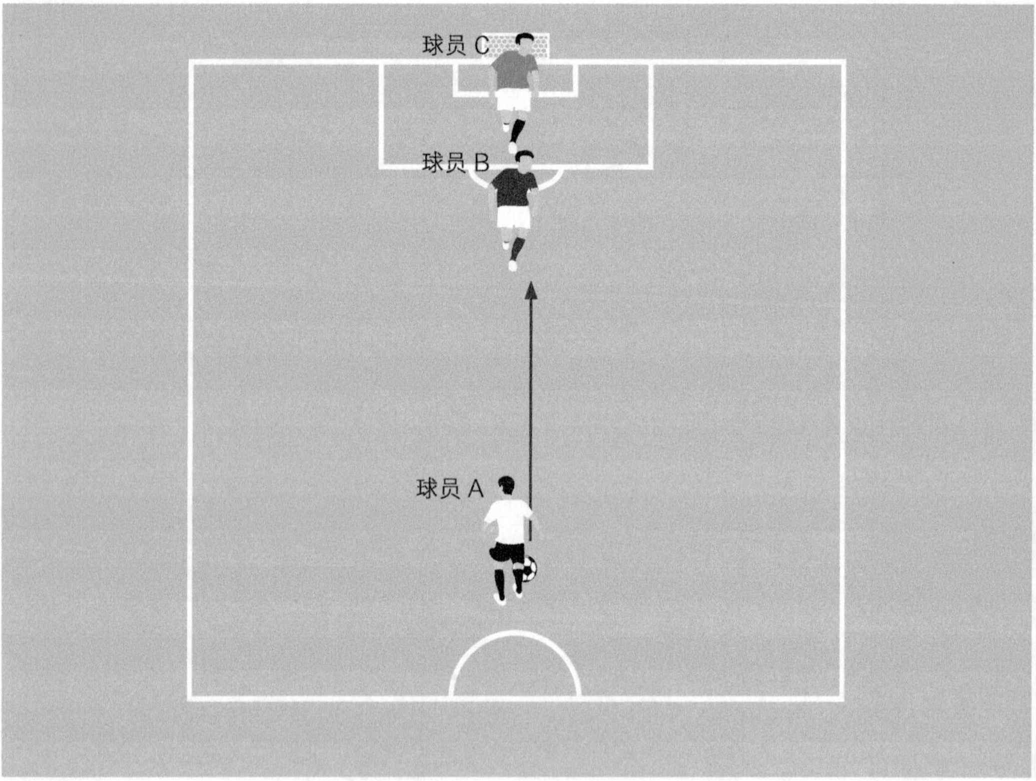

球员 C

球员 B

球员 A

训练步骤

① 球员 C 为守门员，球员 B 位于罚球区顶部，背对球门。球员 A 持球，与球员 B 距离 30 米面对面站立。当听到教练的信号后，球员 A 带球向前移动几米，然后将球传给球员 B，球员 B 在罚球区顶部的外侧接球，接球后立刻向球门冲刺，完成射门。

② 球员 C 试图拦截射门球，然后快速回到起始位置。所有射门必须在距离球门 18 米或更远的位置射出。球员 B 连续射门 10 次后，所有球员相互交换位置，重复练习，直到每名球员都轮到一次射门位置。

脚背射门练习（在压力下射门）

在压力下射门是队友随机向不同的方向踢出球，球员要根据来球方向立即做出判断并射门。该练习可以锻炼球员的反应能力，并使球员在一定压力下保持良好的射门水平。

准备工作 3 名球员位于场地内。

3 人

15~20 分钟

球员 C

球员 B

球员 A

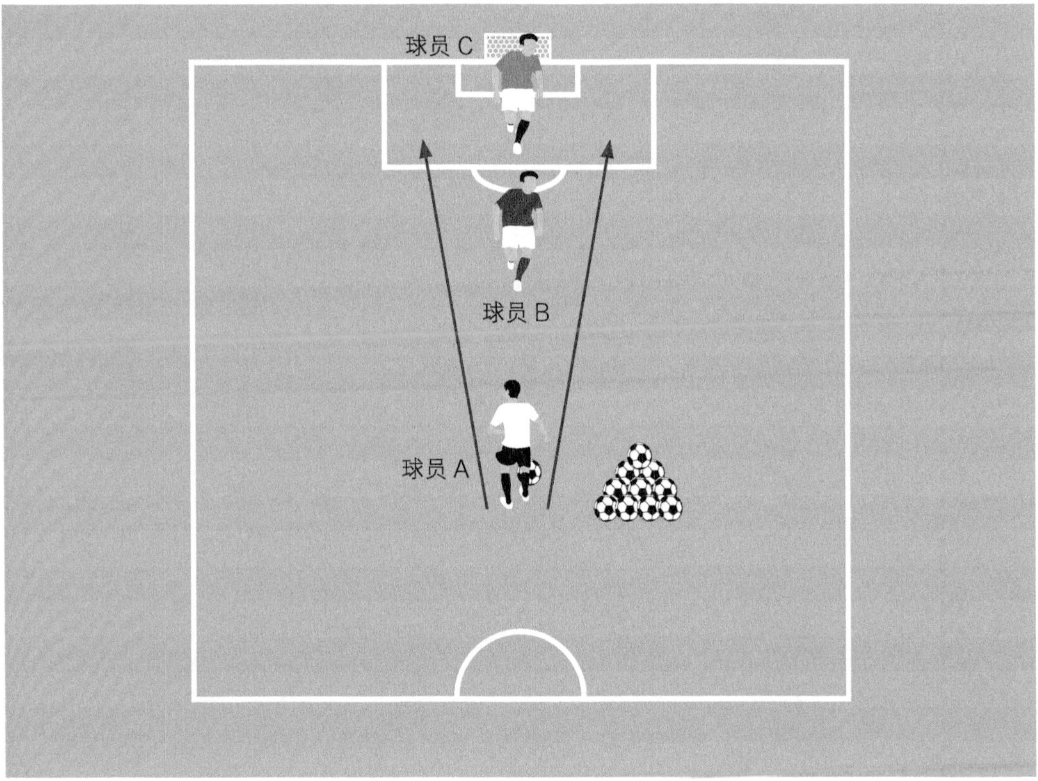

训练步骤

① 球员 C 为守门员，球员 A 持球面对球门，在距离球门 25 米处站立。球员 B 站在球员 A 前方，背对球门。当听到教练的信号后，球员 A 向球员 B 身体一侧踢地滚球，球员 B 立刻转身冲进罚球区，用脚背触球射门，然后回到起始位置。

② 球员 A 向球员 B 身体的另一侧踢地滚球，同样的，球员 B 立刻转身冲进罚球区射门。球员 A 将球交替踢向球员 B 的身体两侧，球员 B 连续射门 12 次，然后球员 A 和球员 B 交换位置。每次成功射门得 2 分，被守门员拦下得 1 分，得分高的球员获胜。

脚背射门练习（2次触球射门）

2次触球射门指球员触球的次数只有2次，第一次触球是在接球后将球推向球门时，第二次触球是在将球踢向球门时。在比赛中，触球的次数越少，对手成功拦截的机会就越少。

准备工作 2名球员位于场地内，1名球员位于场地外的球门旁。

3人

时间 15~20分钟

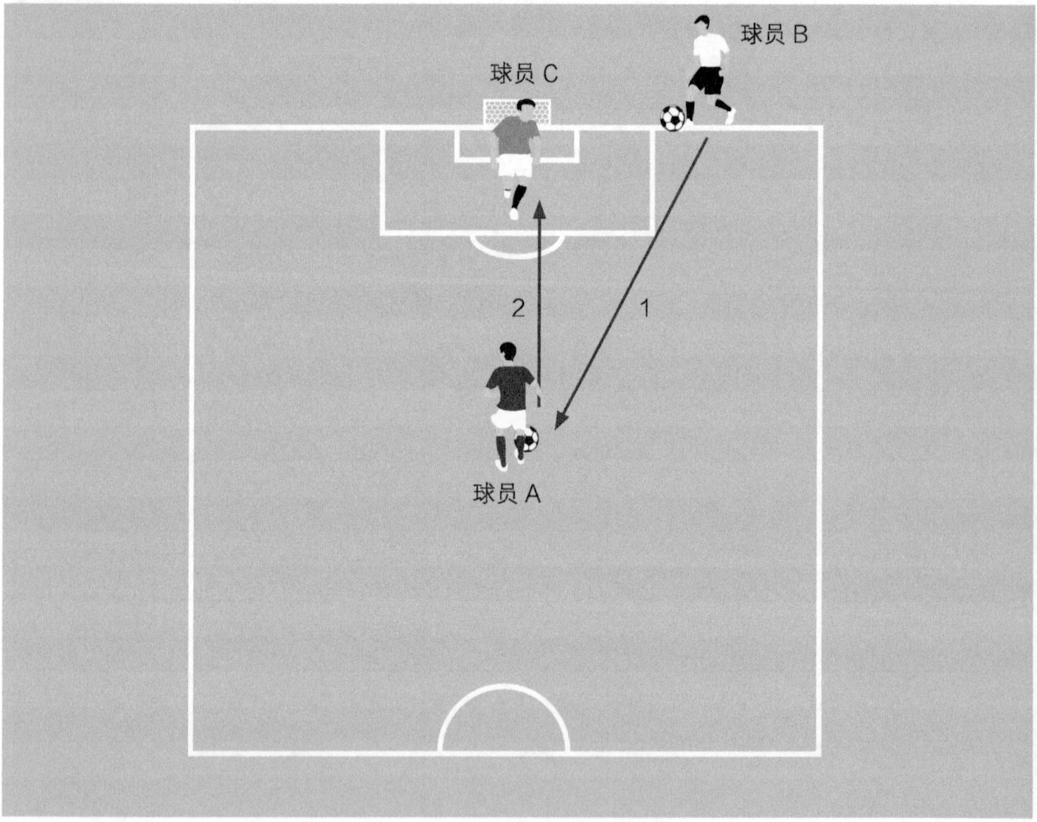

球员 B
球员 C
2
1
球员 A

训练步骤

① 球员C为守门员，球员B站在球门的一侧供球，球员A在面对球门25米处站立。当听到教练的信号后，球员B向球员A传一个空中球或地滚球。球员A向来球方向移动，一次触球并将球控制好，在第二次触球时直接将球射向球门，然后回到起始位置。

② 如此重复射门10次，所有射门只能用两次触球，且射门的距离不少于15米。然后球员A和球员B交换位置。每次成功射门得2分，被守门员拦下得1分，得分高的球员获胜。

脚背射门练习（带球射门）

此练习需要2组球员面对球门呈纵队站立，按照顺序轮流带球射门。球员向球门移动时要全速带球冲刺，也可以通过增加射门的距离来提升训练难度。

准备工作　球员平均分成 2 组，位于场地内，1 名中立的守门员防守球门。

人数　7~11 人，须为奇数

时间　15~20 分钟

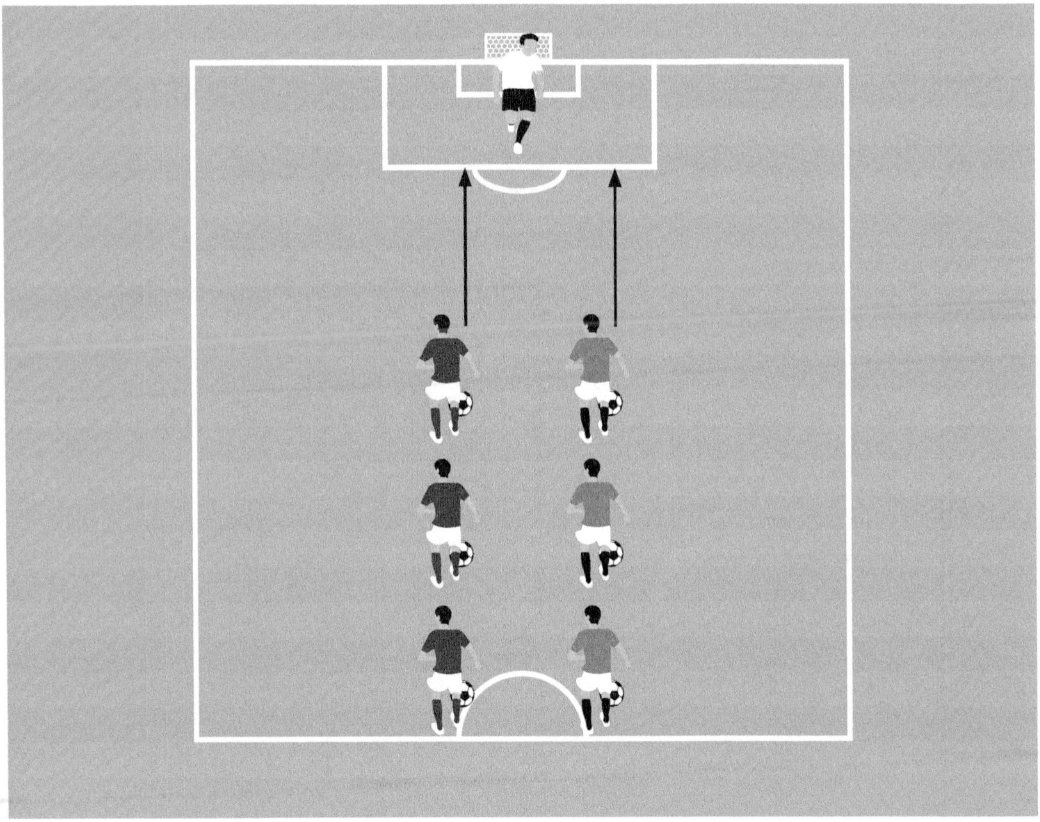

训练步骤

① 球员平均分成 2 组，呈纵队站立，每组 3~5 人。所有球员面向球门，队首的球员距离球门 25 米，1 名中立的守门员位于球门前。队首的球员全速向前带球，并在距离球门至少 15 米远时射门。随后射门球员快速取回球并回到队尾，继续进行训练。

② 每名球员射门 15 次，每次成功射门得 2 分，被守门员拦下得 1 分，得分最高的球员获胜。

脚背射门练习（2对2射门比赛）

2对2射门比赛是2组球员在罚球区内相互争夺控球权，并和队友一起合作创造射门机会的练习。球员须在距离球门较近的区域捕捉到射门机会，并通过配合准确射门。

准备工作　6 名球员位于场地内，其中有 2 名分别为中立的守门员和供球者。

人数	6 人
时间	15~20 分钟

训练步骤

① 1 名中立的守门员位于球门前，1 名供球者站在罚球区弧线的顶端，准备 12 个球，其余球员平均分成 2 组位于罚球区内。当听到教练的信号后，供球者通过地滚球将球踢向罚球区，2 组球员开始争夺控球权。持球的一组尝试射门得分，另一组则进行防守。

② 如果球被防守方的球员抢走，那么抢球成功的一组变为进攻方，另一组变为防守方。守门员要尽力防守住所有来球。不论是将球踢出还是进球得分，供球者都要立刻踢入下一个球。如此重复练习，直到所有的球用完。一共进行 5 轮比赛，每次进球得 1 分，得分高的一组获胜。

脚背射门练习（世界杯进球比赛）

世界杯进球比赛是模拟世界杯进球比赛的晋级制度，最终剩下的球队获得冠军。

准备工作	每个球队2人，位于罚球区内。1名守门员防守球门。1名供球者位于场地外的球门旁供球。

人数	6~10人，须为偶数
时间	90分钟

训练步骤

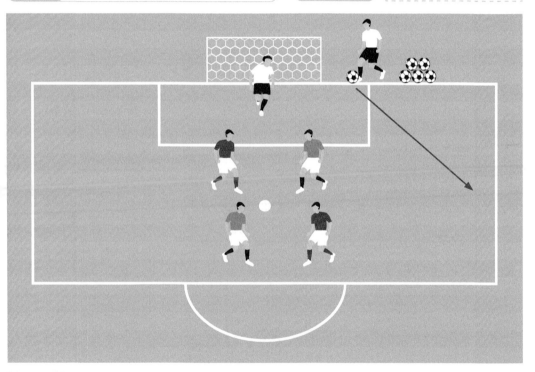

① 组织2~4个球队，每个球队2名球员，位于罚球区内。1名中立的守门员位于球门前，1名供球者站在球门外侧供球。当听到教练的信号后，供球者向罚球区的外侧边缘抛2个球，所有球队开始争夺控球权。持球的一队尝试向球门射门得分，其他球队则进行防守。

② 忽略越位规则，如果球被其他球队的球员抢走，则失去控球权的球队变为防守方，获得控球权的球队变为进攻方。每次球被守门员拦下或进球后，供球者立刻向罚球区的外侧边缘再抛1个球，使球场上保持有2个球。成功突破守门员防守并射门的球队进入下一轮比赛。进球后，队员高呼自己球队的名称，然后迅速跑到球门后方等待。当仅剩一个球队未进球时，此轮比赛结束。未进球的球队被淘汰，剩下的球队继续进行下一轮比赛，直到仅剩下一支球队，即为“世界杯”冠军球队。

脚背射门练习（空门球）

空门球是指在没有守门员防守的情况下射进球门的球，这会大大提高球员的射门成功率。练习时，球员在射门后要立即跑向另一侧球门线，拦截对方射门。

准备工作　所有球员平均分成 2 组，位于两边的球门柱旁。

人数	6~12 人，须为偶数
时间	15~20 分钟

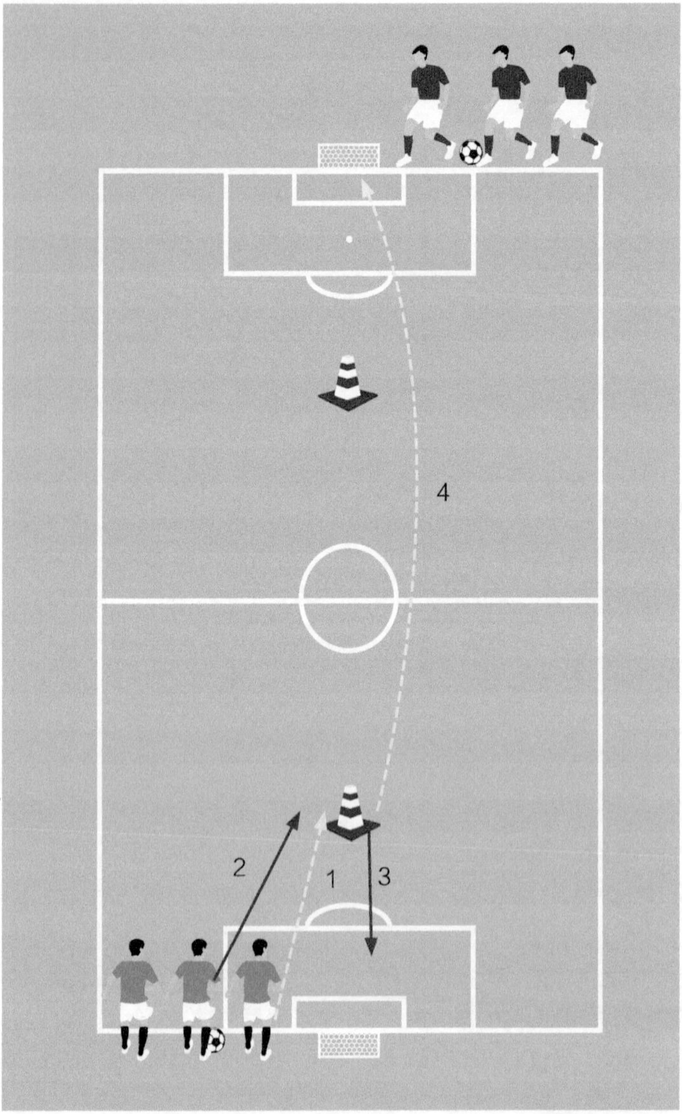

训练步骤

① 在标准的足球场地上训练，所有球员平均分成 2 组，分别为红方和蓝方，站在 2 个球门的球门柱旁。在 2 个球门前方 18 米处各放置 1 个锥桶。当听到教练的信号后，红方的 1 名球员跑向对方所在的球门前，蓝方的第一名球员从球门柱旁冲向锥桶附近，然后转身面向己方所在球门。这时蓝方的第二名球员向锥桶处踢地滚球，锥桶处的队友接球后完成一次射门。射门后球员立刻跑到对方所在的球门前充当守门员。每完成一次射门，每组球员都轮换一次位置。

② 红方用同样的方式射门得分，如果射门的球员在射门后没有及时到达对方所在的球门，那么对方的射门者就有一个“空门”的射门机会。每次成功射门得 1 分，得分高的一方获胜。

脚背射门练习（有边线和底线目标的4对4比赛）

有边线和底线目标的4对4比赛是将球传给场外的队友，从而攻破对方的防守。获得控球权的一方与防守方形成8对4的情形，增大了进攻优势。

准备工作 用4个锥桶标记出1个60米×50米的场地，所有球员平均分为2组，每组4名球员位于场地内，4名球员位于场地边线和底线上。

人数	18人
时间	15~20分钟

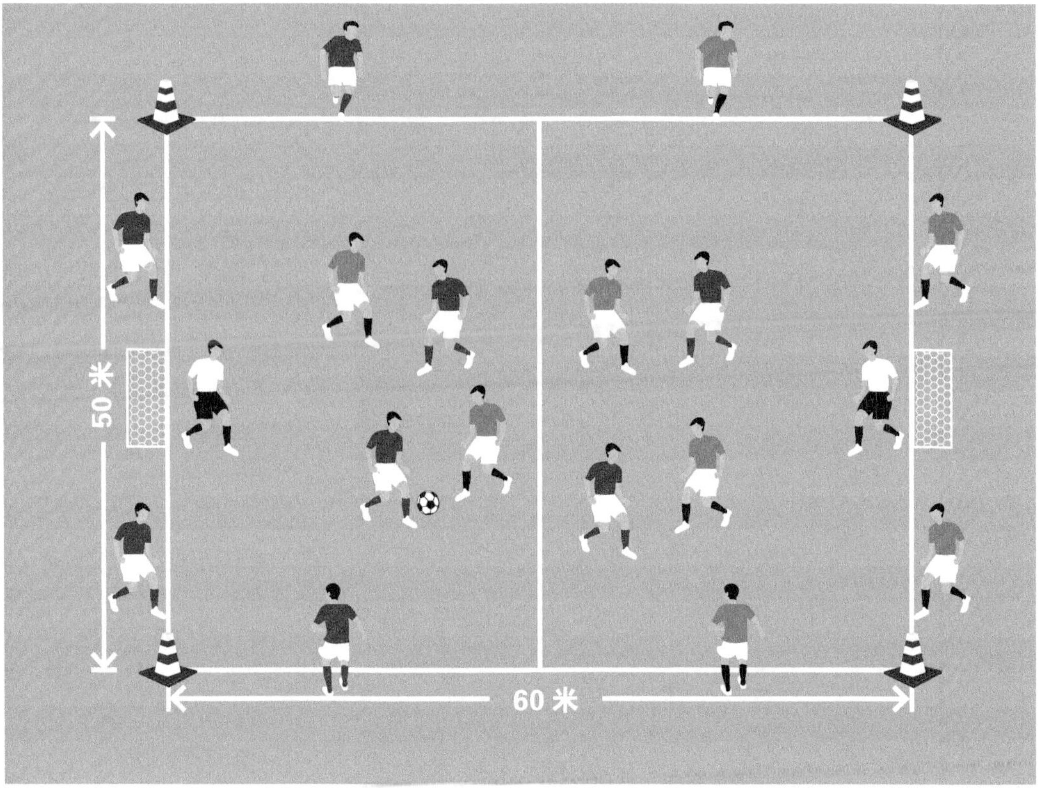

训练步骤

① 所有球员平均分为2组，每组8人，两侧球门各有1名中立的守门员。每组在场地内有4名球员，在防守己方球门的同时寻找向对方球门射门的机会。每组剩余的4名球员位于对方半场的边线和底线上，边线和底线上的球员只能通过一次触球回传来自场地内队友的传球，且不能进入场地内。

② 场地内持球的一方可以相互传球或将球传给边线和底线上的队友，边线和底线上的球员可以将球回传或直接射门，获得控球权的一方比另一方多了4名球员的优势。成功射门2次的一组获得该场比赛的胜利，然后场地内和边线以及底线上的球员相互交换位置，继续进行下一场比赛，赢得3场比赛的一组获胜。

凌空射门练习（围绕小旗凌空射门）

围绕小旗凌空射门是目标球员站在距离球门一定距离的标记物处，供球球员向球门前传球后，目标球员快速跑向球门前并以凌空射门的方式进行射门的练习。

准备工作	2名球员分别位于球门两侧，1名球员位于场地内。
人数	3人
时间	15~20分钟

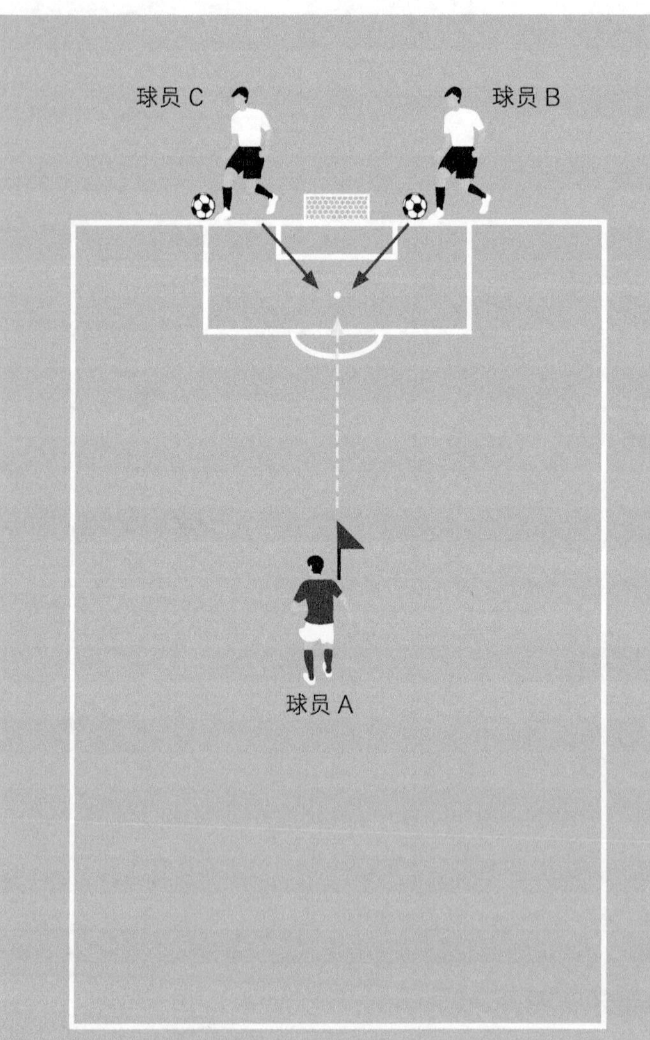

训练步骤

① 在标准球场的一端进行训练，球门前方10米处插一面小旗，球员A站在小旗处。球员B和球员C各持1个足球站在球门两侧。当听到教练的信号后，球员B向球门前方传球，使球落在球门前约5米处。球员A迅速向前冲，并以凌空射门的方式将球射入球门，然后快速跑回小旗处。

② 球员A继续以相同的方式接球员C的传球，一共完成20次凌空射门。然后球员相互交换位置，重复练习，直到每名球员都轮过一次射门位置。成功用凌空射门进球得1分，得分最高的球员获胜。

小提示

射门时要保持身体稳定，踢球腿用短而有力的动作迅速将球踢出。

凌空射门练习（仅通过凌空射门得分）

仅通过凌空射门得分是2组球员在场地内，通过用手抛球的方式与队友互相传球，接近球门时利用空中传球凌空射门的练习。训练中球员要注意掌握好出脚的时机。

准备工作 用 4 个锥桶标记出 1 个 60 米 ×40 米的场地，所有球员位于场地内。

人数 8~12 人，须为偶数

时间 15 分钟

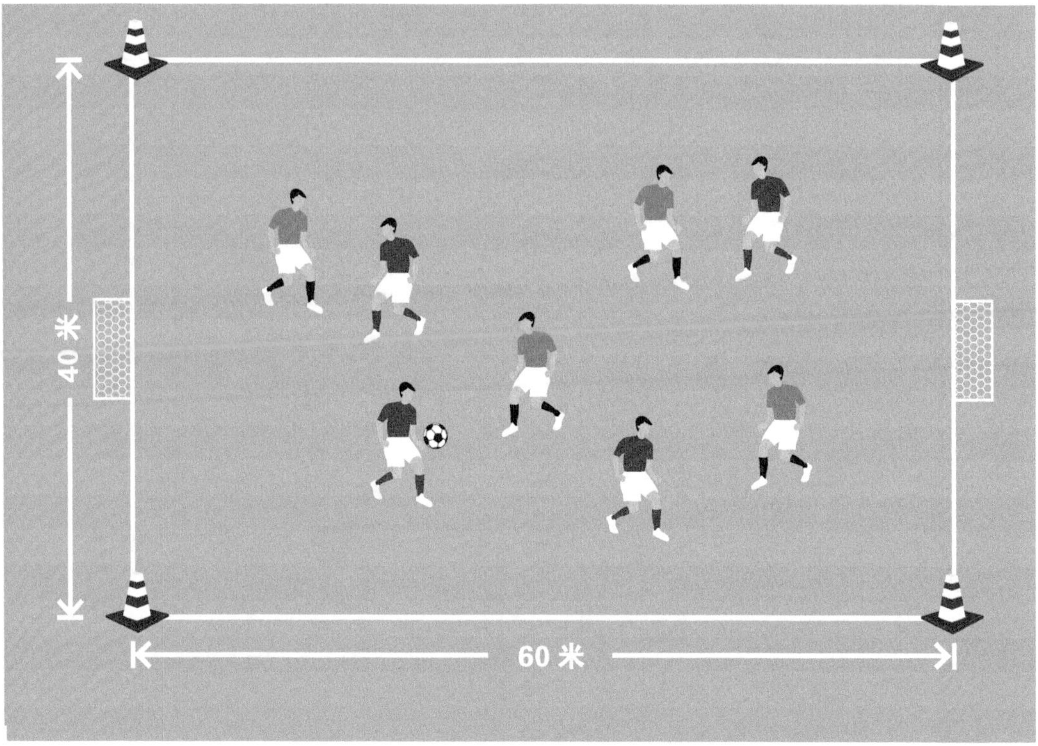

训练步骤

① 所有球员平均分成 2 组，每组 4~6 人，在场地的两端设置 1 个标准球门。每组防守 1 个球门，并通过将球射入对方的球门得分。队友之间传球要以抛球和接球的方式进行，不能通过踢球传球。每名球员持球时要在 4 步以内将球传给队友，如果出现对方球员夺走控球权、进攻球员最后一次触球后球出界、球落到了地面上、球员持球时移动超过 4 步等情况，将更换控球权。

② 球员可直接将队友的空中传球以凌空射门的方式射门，球员不可以自己抛球射门。虽然没有指定的守门员，但所有球员都可以用手接球以拦截向球门的传球和射门。如此训练 15 分钟，成功用凌空射门进球得 1 分，得分高的一组获胜。

弧线球射门练习（从固定的位置射门）

从固定的位置射门是球员从发球区外侧向球门踢出弧线球射门的练习。训练时，球员要以较小的角度从后面接近球，身体稍向后倾斜，伸展踢球脚的同时要保持身体稳定。

准备工作 一名守门员位于球门前，另一名球员位于罚球区，练习弧线球射门。

人数：2 人

时间：15~20 分钟

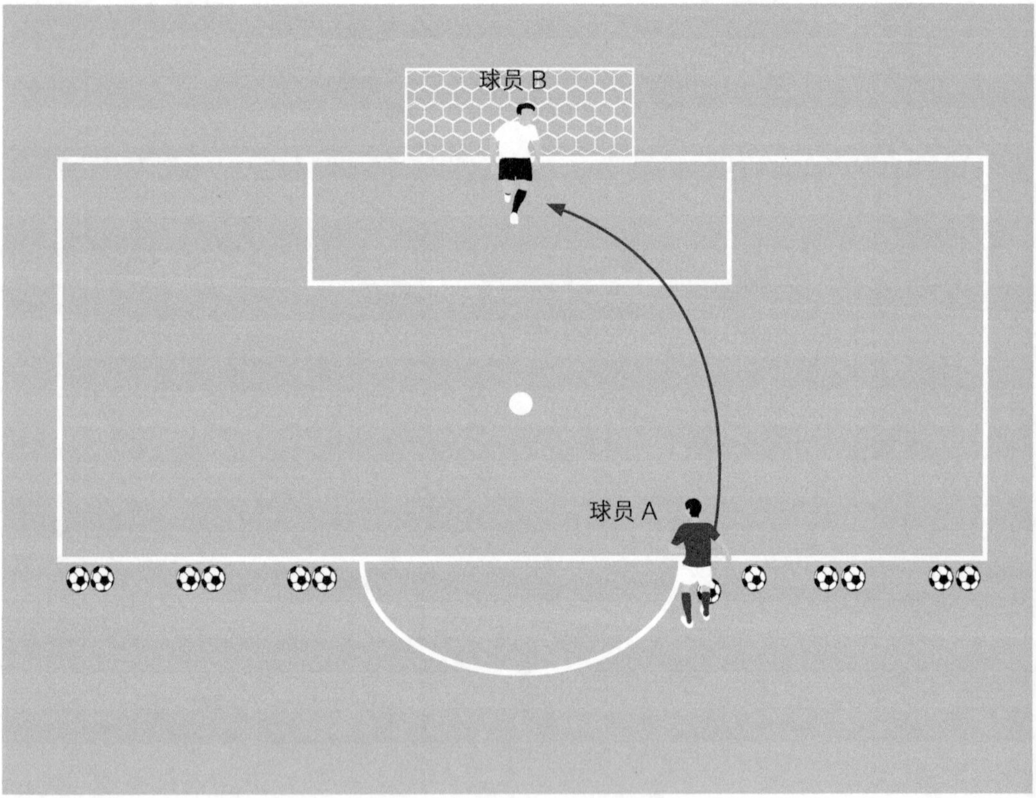

球员 B

球员 A

训练步骤

① 在罚球区外侧的不同位置放置 12 个足球，球员 B 为守门员站在球门前，球员 A 选择任意球练习射门，并尝试用脚弓或外脚背踢出弧线球。

② 射门 12 次后，将球设置在不同的位置，重复训练，一共完成 24 个任意球。每次踢出弧线球得 1 分，弧线球成功射门得 2 分。由守门员负责捡球，并将成功射门的球回传给球员 A。球员 A 完成 24 个任意球后，两球员互换位置，进行同样的训练。结束后，得分高的球员获胜。

弧线球射门练习（在跑动中射弧线球）

在跑动中射弧线球是球员在固定的场地范围内相互争夺控球权，持球的球员需在移动中向场地内的球门踢出弧线球的练习。

准备工作　用 4 个锥桶标记出 1 个 50 米 ×50 米的场地，场地内再用 4 个锥桶标记出一个 25 米 ×25 米的场地。小场地内放置 2 个标示盘。

人数	7 人
时间	15 分钟

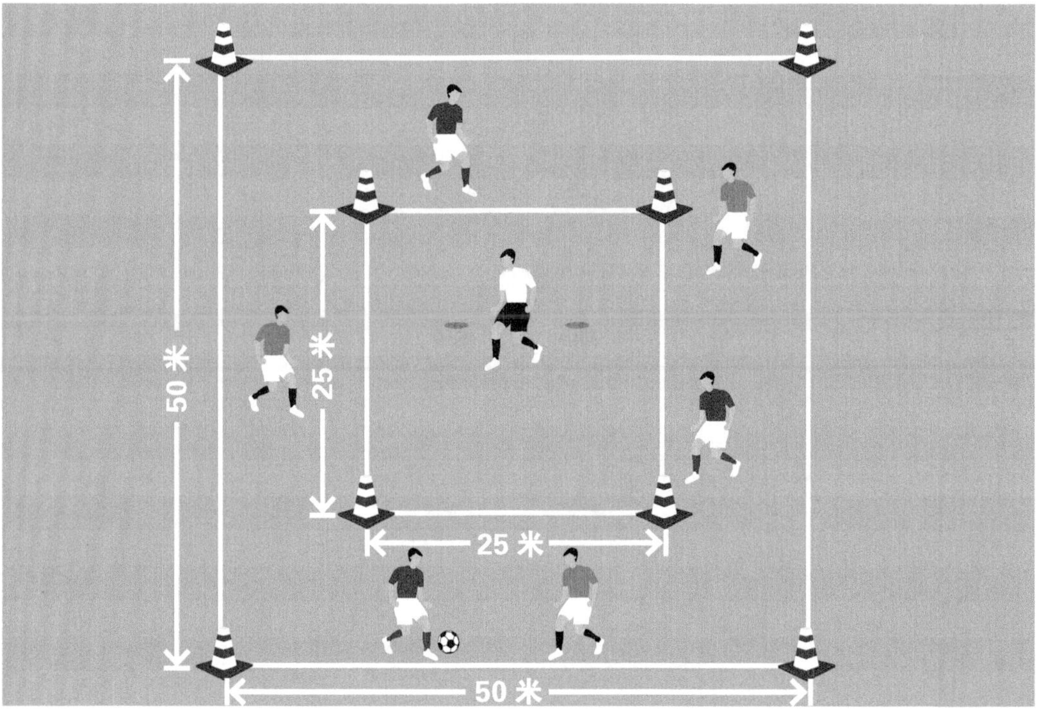

训练步骤

① 球员平均分成 2 组，每组 3 人位于大场地内、小场地外的区域，小场地内用标示盘设置 1 个 8 米宽的球门，1 名球员作为中立的守门员站在球门前。当听到教练的信号后，2 组球员在所在区域内进行 3 对 3 的比赛，持球的一组为进攻方，另一组为防守方。进攻方试图将球射入球门，但传球的高度不能超过守门员的身高，守门员也要根据来球方向调整位置。如果防守方获得控球权，则立即转为进攻方。

② 球员不能进入小场地内，且射门时必须使用脚背内侧或外侧踢出弧线球。出界的球通过界外抛球返回场地内。守门员在拦截到球后，将球抛向场地上无人的角落，让 2 组争夺球的控制权。如此训练 15 分钟，弧线球射门成功次数多的一组获胜。

其他射门练习（将球带到一侧之后转身射门）

将球带到一侧之后转身射门是球员在指定位置接下一名队友的传球，接球后带球移动，并在目标区域内转身射门的练习。注意只有在成排的锥桶外侧射门才有效。

准备工作	用 4 个锥桶标记出 1 个 50 米 ×50 米的场地，所有球员位于场地内。

人数	4~8 人
时间	15~20 分钟

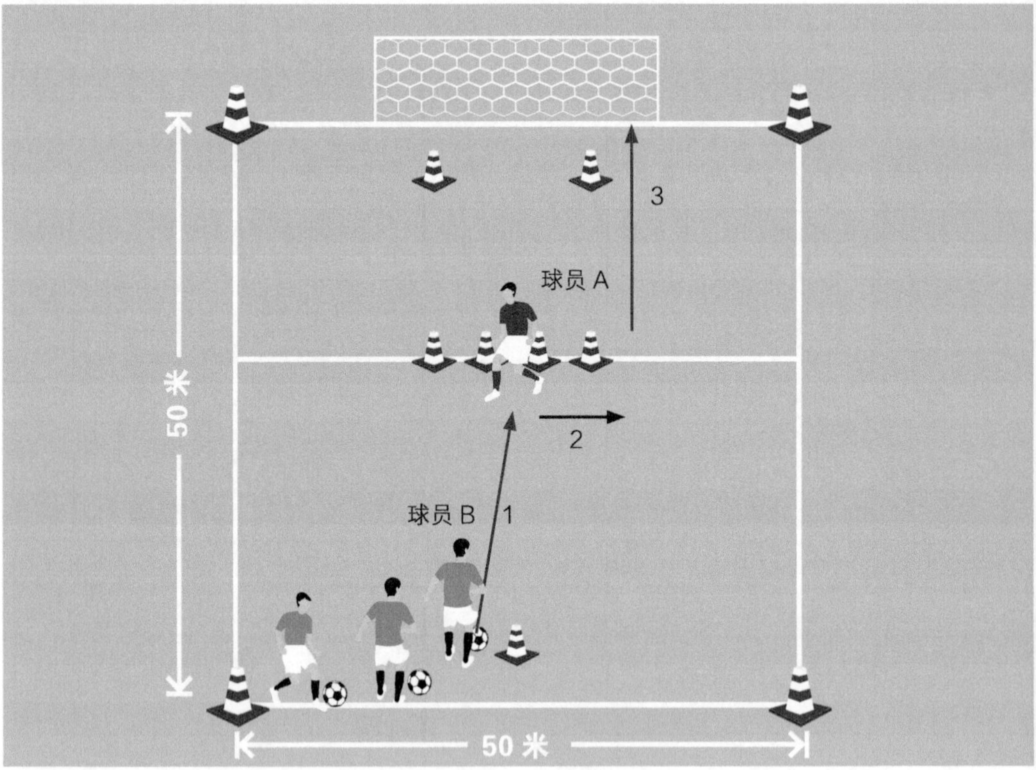

3

球员 A

2

球员 B　1

50 米

50 米

训练步骤

① 在球门前方放 1 排锥桶。当听到教练的信号后，球员 A 不持球位于成排的锥桶处，背对球门，球员 B 与球员 A 相距 5 米。球门前设置一个目标区域。

② 球员 B 用脚弓将球传给球员 A，球员 A 尽量以一次触球的方式绕过成排的锥桶向侧边带球移动。在指定的目标区域内转身并以低球射门。射门后球员 A 捡回球排在队尾，同时球员 B 跑向成排的锥桶处，以此重复练习。

第 5 章

进攻

进攻技术可以让球员在比赛过程中更好地执行配合，良好的控球并不能保证获胜，但却意味着球员可以控制比赛的速度和节奏，迫使对手进行更多的跑动，让自己得到更多的射门机会。进攻技术的特点是其具有多变性和创造性，以及完美的阵地战术。

5.1 个人战略战术

1对1进攻应该学会的技巧

1对1进攻时，要保证球不被对手抢走。如果因为轻视对手使球被抢走，主动权就会落到对方手中，导致我方的防守时间增加。

不要低头

在带球的过程中及接到球之前，无论对手是站在原地还是在拦截球，球员都要时刻观察周围情况。

边移动边
正确控球

控球球员要持续带球移动，防止对手接近。但如果速度过快，很难让球在预期位置停下，所以要通过练习控球技术来提升自身水平。

决定第一次的
触球方式

在比赛中，控球球员有多种选择，如向右侧带球后传球、向左侧带球过人及接球后直接回传给队友等。控球球员只有做出选择后，才能决定第一次的触球方式。

时刻观察对手的
动作，迅速采取
行动

带球过人时，控球球员要时刻观察对手的动作，并迅速采取行动。控球球员需要控制球速，或改变带球的方向，有时还要做出假动作来迷惑对手。

简单1对1

在比赛中球员会面临各种不同的情况，根据防守球员位置的不同，进攻球员要通过训练来应对不同的防守模式。防守球员也要根据进攻球员的举动进行防守。

准备工作 进攻方和防守方各选择 1 名球员位于场地内。

人数	10~16 人，须为偶数
时间	15~20 分钟

训练步骤

① 教练先向球员 A 传球，球员A接球后带球向球门移动，球员 B 迅速上前抢球。2 名球员进行 1 对 1 对抗，球员 A 在保证控球权的同时寻找机会射门。

② 射门成功后，换下一组球员上场。可以通过改变球员 B 的起始位置（①、②、③），使 1 对 1 的情况发生变化。

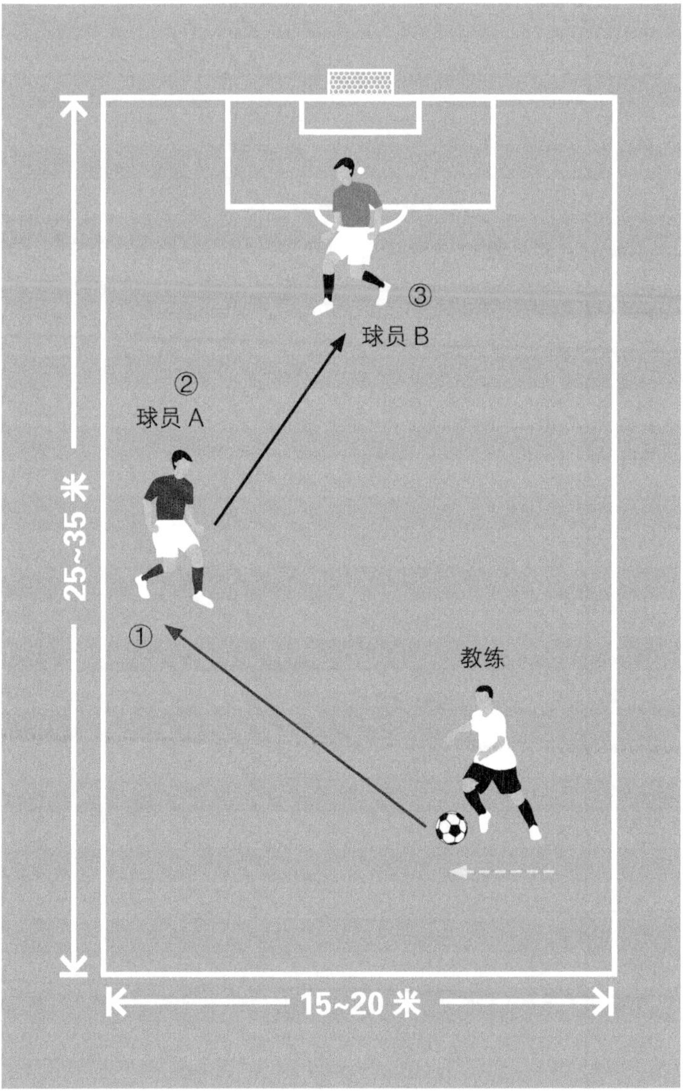

③ 球员 B
② 球员 A
①
教练
25~35 米
15~20 米

小提示

练习过程中，进攻球员要带球突破对方的防守，并进行射门。而防守球员要注意观察进攻球员的动作，根据情况的不同采取不同的抢球方式。

球门区的1对1

此练习可以让进攻球员学会根据情况的不同改变第一触球点。进攻球员要利用第一触球的动作将球带向有利位置，防止球被防守球员抢走。

准备工作	6 个标示盘，每 2 个标示盘一组，间隔 1~2 米放在场地上的球门区域，进攻方和防守方各选择 1 名球员位于场地内。
人数	10~16人，须为偶数
时间	15~20 分钟

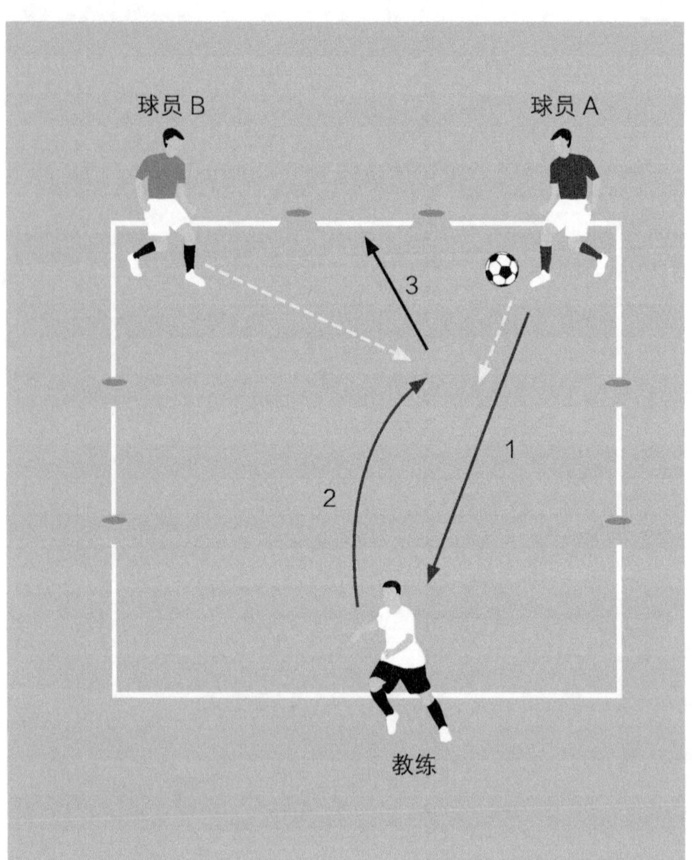

训练步骤

① 球员 A 持球，向教练传球（路线1）。接着球员 A 和球员 B 同时向出球方向移动。

② 教练接球后，将球回传给球员 A（路线2），球员 A 带球向球门移动（路线3），同时注意观察球员 B 的动作，并寻找机会射门，球员 B 则积极防守。射门后，换下一组球员上场。

小提示

如果进攻球员不管面对怎样的来球，都只把球带向同一个球门，就说明他还不能根据不同的情况做出判断。这时教练可以在回传时尝试不同的路线，使进攻球员根据情况做出应对。

有支援者的1对1

在实际比赛中，单独1对1的情况比较少见，因此进攻球员在考虑战术时要有准确的判断，如果发现不能直接带球突破，可以把球传给队友。

准备工作 在图中所示的位置上分别放置1个锥桶和1个标示盘。进攻方选择2名球员，防守方选择1名球员，均位于场地内。

人数	6~15人，须为3的倍数
时间	15~20分钟

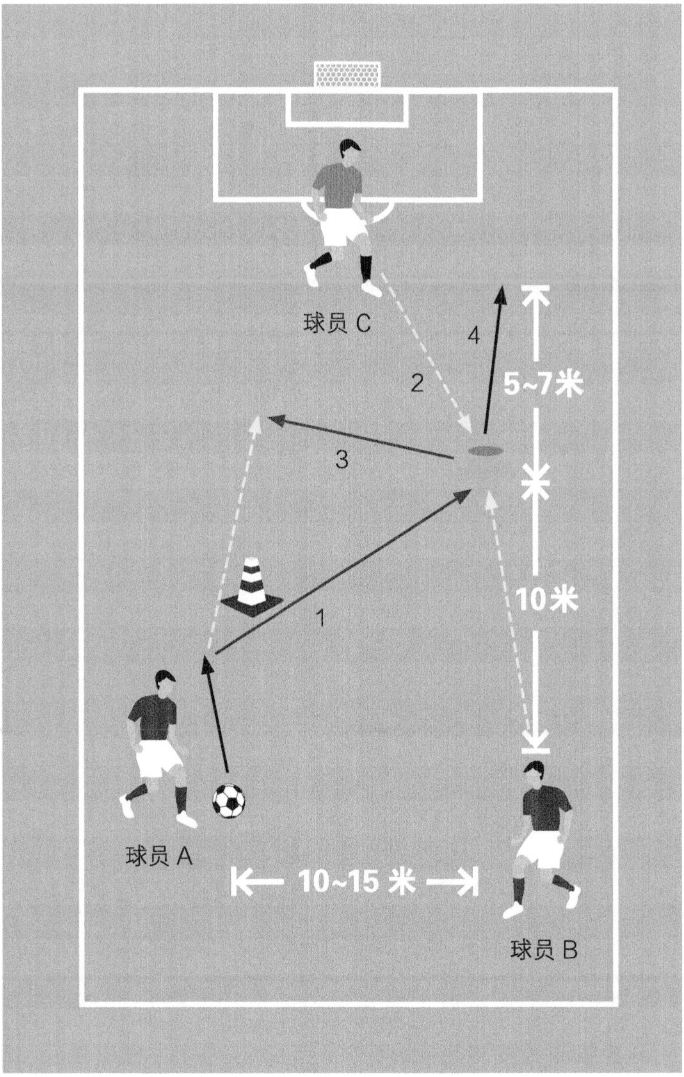

球员C
4
2
5~7米
3
1
10米
球员A
10~15米
球员B

小提示

比赛中，最重要的是球员在带球快速移动时可以把球控好。球员A可以尽量把球传得远一些，防止球员B的移动受阻。

训练步骤

① 进攻方有2名球员在场地内，球员A带球向锥桶移动，同时球员B跑向标示盘。

② 球员B到达标示盘后，球员A将球传给球员B（路线1）。这时球员C向球员B方向移动（路线2），并进行抢球。

③ 面对球员C的拦截，球员B寻找机会将球回传给球员A（路线3），或直接带球突破防守（路线4）。射门成功后，换下一组球员上场。如果射门失败，就换球员B带球出发。完成后换下一组球员上场。

5.2 团队战略战术

有条件限制支援者的1对1

此练习更接近实际比赛中1对1的情况。因为传球时机受到限制，所以持球球员只能在指定位置传球，在移动过程中还要时刻观察队友的情况，以决定移动的方向。

准备工作　在图中所示的位置上分别放置1个锥桶和1个标示盘。进攻方选择2名球员，防守方选择1名球员，均位于场地内。

人数　6~15人，须为3的倍数

时间　15~20分钟

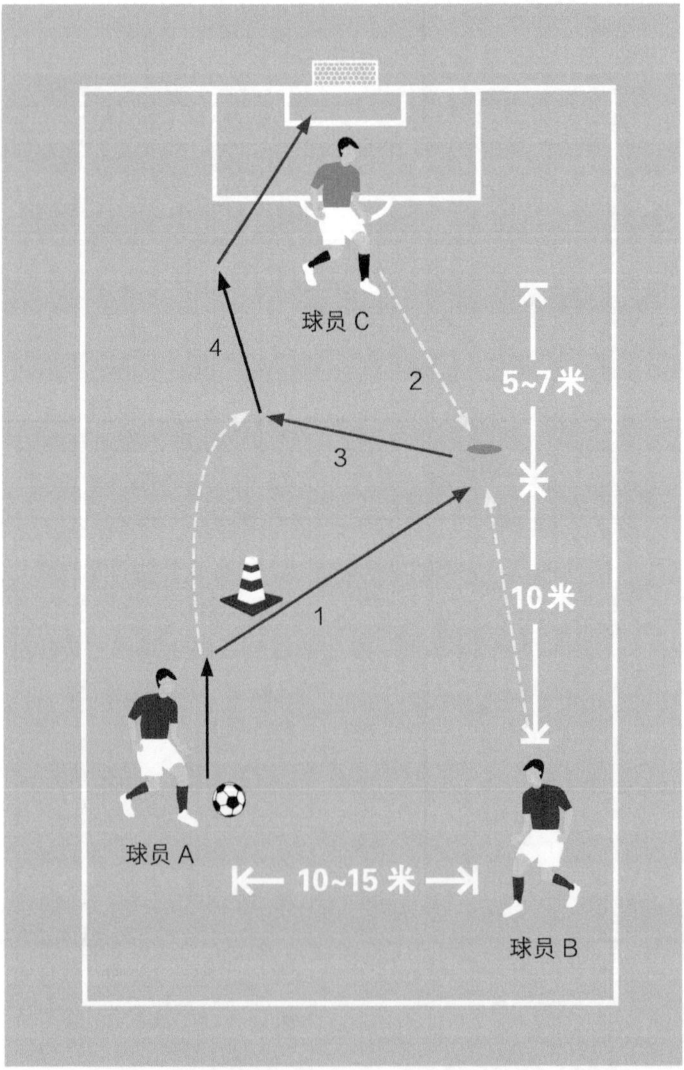

训练步骤

① 进攻方有2名球员在场地内，球员A带球向锥桶移动，同时球员B跑向标示盘。

②球员B到达标示盘后，球员A将球传给球员B(路线1)。这时球员C向球员B方向移动（路线2），并进行抢球。

③ 面对球员C的拦截，球员B寻找机会将球回传给球员A（路线3），球员A接球后带球射门，或直接带球突破防守（路线4）。射门成功后，换下一组球员上场。如果射门失败，就换球员B带球出发。完成后换下一组球员上场。

小提示

接球的球员要观察队友与防守球员的位置，从而让自己以最快的跑动速度接住队友的传球。

三角式传球（应该学会的技巧）

三角式传球是指通过纵向传球将球传到前线的练习。球员只在自己的防守区域内横向传球是不能接近对方球门的，因此要纵向传球，以建立起进攻点。

1. 以简单迅速的动作摆脱盯防

2. 传球必须迅速、精准

3. 事先想好队友会向哪个方向移动

4. 可以绕个圈子避开对手

知识点

提高传球成功率

三角式传球时应尽量把球传到禁区前方的位置，这样可以吸引对手注意并发现其他区域的破绽，从而获得更多传球机会。

三角式传球是把球传到对方严密防守的区域中，因此球员必须要在一瞬间以简单迅速的动作突破防守。

如果传球速度较慢，就算队友摆脱了盯防，也会在传球到达前被追上，因此传球一定要迅速、精准。

传球时要想到队友会向哪个方向移动，这样队友在接球后才能迅速采取行动。

球员如果在球传到位后再出去，就容易被对手近身防守，因此球员可以先绕个圈子以避开对手。

三角式传球（三角式传球的基本练习）

此练习可以锻炼球员进行三角式传球并逐步带球向前，球场上的4名球员分别充当中后卫、防守中场、中锋和前锋，形成推进进攻的过程。

准备工作　在场地的两端分别放置3个锥桶，场地中间放置2个锥桶。所有球员位于场地内。

人数	4人
时间	5分钟

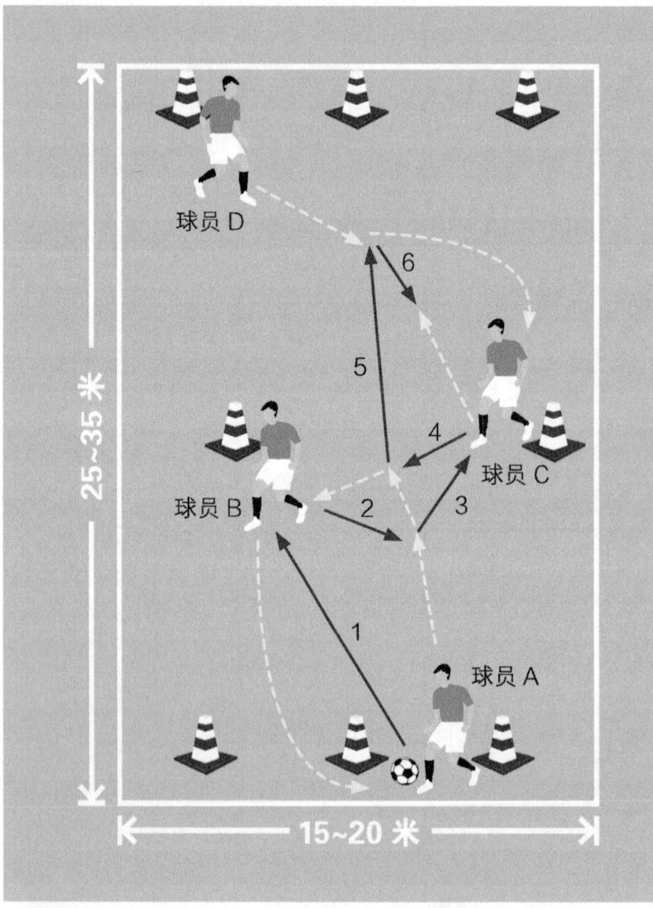

训练步骤

① 球员A将球传给球员B（路线1），然后球员A迅速向前移动，接到球员B的回传球（路线2），接下来球员B跑向球员A的初始位置。

② 球员A向球员C传球（路线3），然后向前移动接到球员C的回传球（路线4）。球员A再将球传给从另一边跑来的球员D（路线5），然后跑到球员B的初始位置。

③ 球员D接球后，将球传给跑来的球员C（路线6），而后球员D与球员C向对方的初始位置移动。如此重复练习。

小提示

球员在练习时可以不用循规蹈矩，而是应该充分理解每一个位置的职责，通过不同位置的相互配合来逐步向前推动攻势。

换边攻击（应该学会的技巧）

换边攻击是指将球从这一边传到另一边。球员将球传到场上对手越少的地方，越有利于进攻。如果场上对手防守严密，球员可使用换边攻击，将球传到防守松散的一边，以调整攻势。

1. 准确踢向目标位置

换边攻击的球如果被截走，对方就会迅速发动反击，使我方陷入劣势，所以球员必须掌握长距离传球，准确将球踢到目标位置。

2. 踢出速度快的低空球

换边攻击时，要踢出速度快的低空球；如果使用速度慢的高空球，球就很容易被对方追上。

3. 看准对方防守松散的地方

4. 诱导对方改变位置

换边攻击也不适合在对方阵形密度非常均匀时使用，而应该寻找对方防守较为松散的地方，找准机会将球踢出。

用带球或三角式传球的方式误导对方，使对方阵形陷入不均匀的状态，这时再使用换边攻击就可以使对方措手不及。

换边攻击（双方两球门区的换边攻击）

双方两球门区的换边攻击是设置了2个球门，进攻方不用只朝1个球门进攻，可以选择进攻对手较少的球门的练习。球员先将对手诱导到一边，再迅速换边攻击就可以大大提高射门成功率。

准备工作　在场地的两端分别放置 4 个锥桶，形成球门区。

人数	8 人
时间	15 分钟

球门区

球门区

球门区

球门区

小提示

如果进攻球员带球进攻时发现左边的球门区防守较为松散，还有无人盯防的队友，这时就可以用中长距离的传球将球传送到左边，这样更有利于射门。

训练步骤

① 所有球员平均分成 2 组，每组 4 人，进行 4 对 4 的换边攻击练习。持球的一组为进攻方，另一组为防守方。进攻方可以进攻任意球门区。

② 成功将球穿过球门区得1分，如果防守方获得控球权，则立即转为进攻方。如此练习 15 分钟，得分高的一组获胜。

边翼攻击（应该学会的技巧）

边翼攻击是从边翼传出传中球以掌握进球机会的进攻方式。在比赛中，如果防守较为严密，可利用的空间就会较小，这时球员可以先从边翼深入敌方，再将传中球传到中央进攻。

1. 有 3 种传球方向可选择

传中球时，传球方向可以从附近柱旁、远柱旁和斜传回这3个方向中选择。

2. 至少能踢出 3 种球

传中球的球员至少要能踢出高空球、低空球和高速地面球这3种球。

3. 在高速状态下射门

负责接传中球的球员在球被传出后要迅速冲向球门区抢点。如果停顿下来接吊中球就会使射门变得软弱无力，导致失去进球机会。

4. 改变对手的视野

球员可以使用各种假动作误导对手，如先假装绕到对手背后，再出现在对手身前等，通过改变对手的视野来突破防守。

边翼攻击（从边翼攻击到射门）

从边翼攻击到射门是球员配合传球，从边翼发动进攻的练习。球员通过训练，可以提高传球的精准度，以及从中央射门的成功率。

准备工作 1名守门员位于球门前，3名进攻球员位于场地内。

人数	12~16人，须为4的倍数
时间	15~20分钟

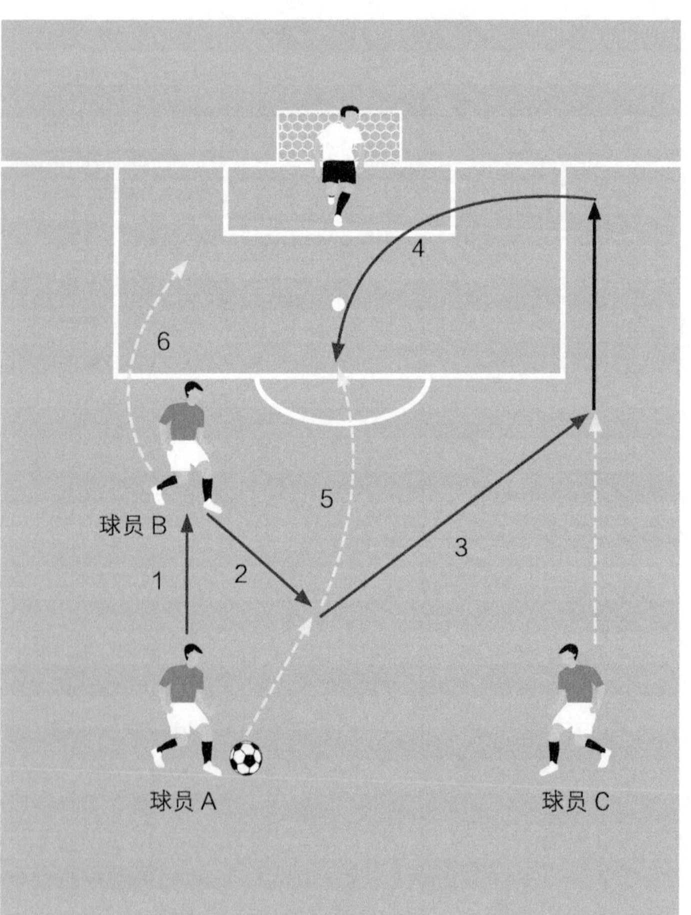

训练步骤

① 球员A将球传给球员B（路线1），球员B再将球回传给跑来的球员A（路线2）。球员C从边翼向前移动，球员A将球传给球员C（路线3）。

② 球员C带球移动到底线附近，传出吊中球（路线4）。球员A与球员B进入罚球区射门（路线5和路线6）。射门后，换下一组球员上场。

小提示

练习时注意不要一直是同一个人在传吊中球，位于中场和边翼的人要不断更换位置，从左边或右边发动进攻都是可以的。

突破后卫线（应该学会的技巧）

一旦进攻方将球传进攻击区域内，就只能突破对手的防守后卫线了。突破的方法要根据对手后卫线的站位来选择，如果后卫线距离球门较远，进攻方就要在不造成越位犯规的前提下设法切入后卫线。

1. 将球传到距离球门较近的位置

2. 加快判断速度

3 . 发动中距离射门

4. 发动快速且出人意料的行动

后卫线后方的空间较大，可以将球传到距离球门较近的位置，进攻方可以通过渗透性传球来制造射门机会。

如果进攻方的接应速度较慢，防守方就会有更多的时间来预测攻势。所以进攻方要迅速决定进攻方式并做出判断。

中距离射门在对手的后卫线距离球门较近时使用。进攻方一旦使用中距离射门，防守方就要向前推进后卫线。

面对严密的防守，进攻方需要依靠撞墙球或高超的过人技术进行突破，引诱对手犯规也是有效的方法。

突破后卫线（突破距离球门较远的后卫线）

突破距离球门较远的后卫线是通过站在底线的队友助攻来穿越对方越位线的攻击模式。对于距离球门较远的对方后卫线，从后方冲上来的助攻是非常有效的进攻战术。

准备工作	进攻方和防守方各选择 2 名球员在场内进行 2 对 2 比赛，底线上各站 1 名球员。

人数	6 人
时间	15~20 分钟

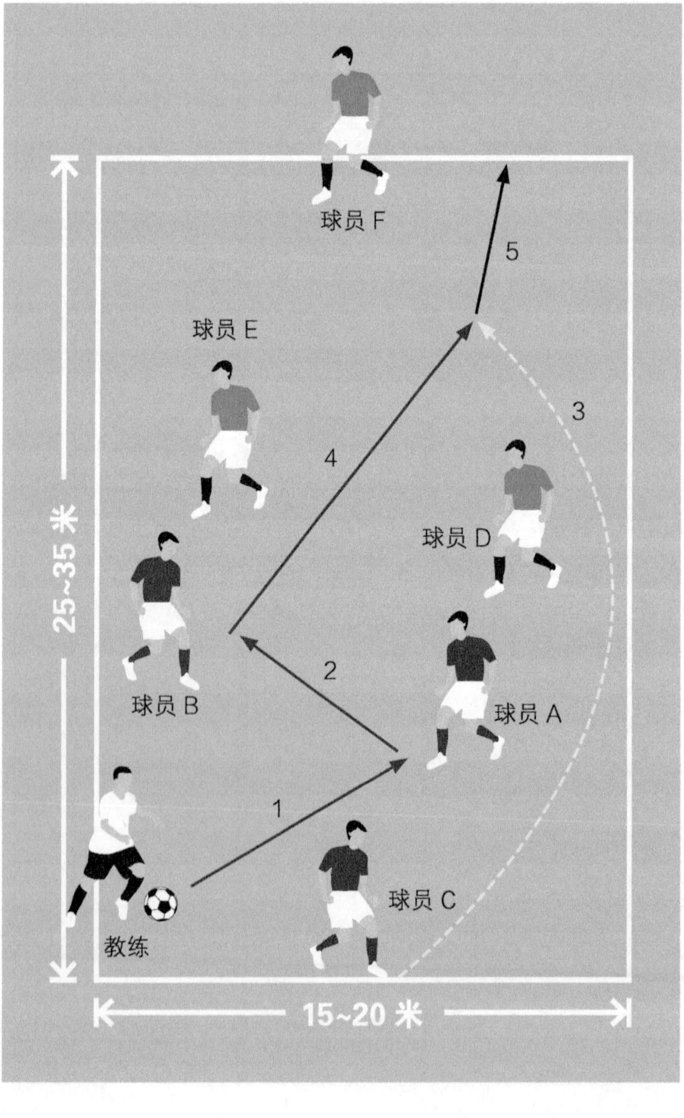

球员 F

5

球员 E

3

4

球员 D

25~35 米

2

球员 B

球员 A

1

球员 C

教练

15~20 米

小提示

在比赛开始时就被对方发现在底线上的队友，成功的概率是很低的。如果对方一直对底线上的队友进行防守，就可以改为带球突破，使对方无法防范。

训练步骤

① 教练持球，将球传给球员 A（路线 1），球员 A 传球给球员 B，同时球员 C 从后侧越过对手到达对方底线的位置（路线 3），然后球员 B 将球传给球员 C（路线 4），球员 C 带球突破对手底线（路线 5）。

② 成功带球越过对方底线得 1 分。如果控球权被对方抢夺，那么对方变为进攻方，己方变为防守方。在 2 对 2 的情况下，进攻方要寻找突破机会，位于底线的队友要伺机发动进攻。

5.3 个人进攻训练

空中传球训练（转换进攻点）

转换进攻点是球员站在场地中的不同位置，以吊球、地滚球等方式配合传球的练习。球员可以根据传球变化在场地上的位置，从而在不同的进攻点进行传球训练。

准备工作 用 4 个锥桶标记出 1 个 30 米 ×30 米的场地，所有球员位于场地内。

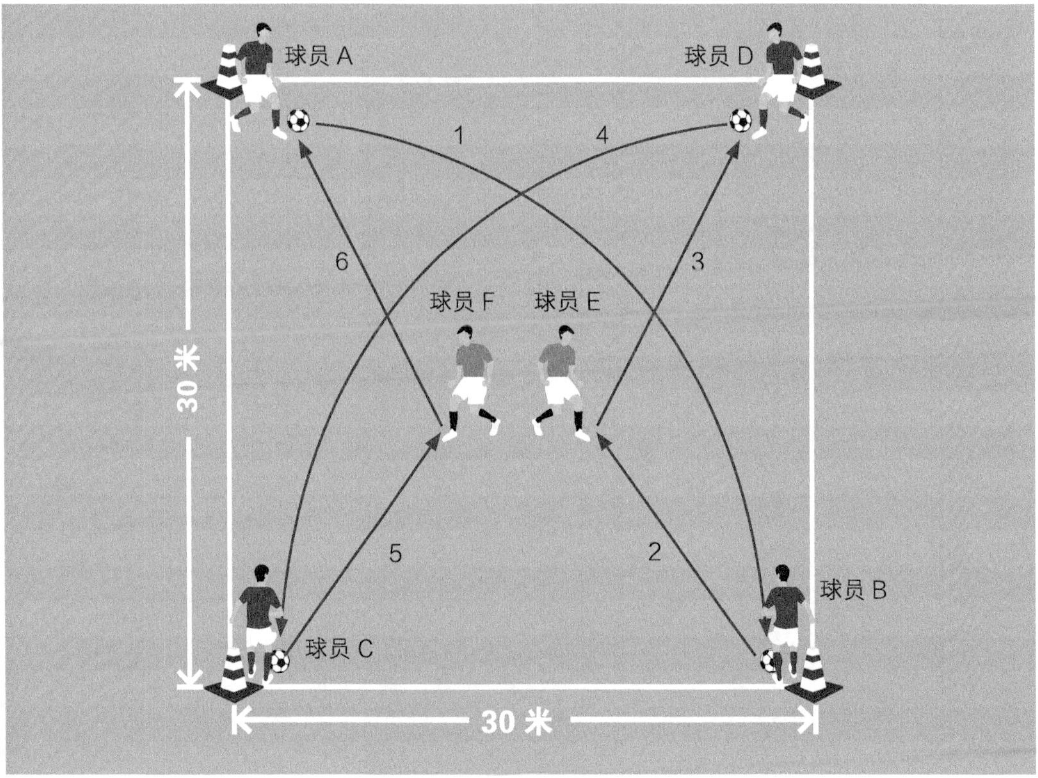

训练步骤

① 球员 A、B、C、D 分别站在场地一角，球员 E 和 F 站在场地中间。球员 A 持球，当听到教练的信号后，球员 A 通过空中传球将球传给对角线上的球员 B（路线 1），球员 B 将球传给球员 E（路线 2），球员 E 转身以地滚球将球传给球员 D（路线 3），球员 D 再以吊球将球传给对角线上的球员 C（路线 4）。攻球员 C 将球传给中间的球员 F（路线 5），球员 F 转身再将球传给球员 A（路线 6），如此反复练习。

② 球员根据传球转换在场地中的位置，每次成功用吊球传到对角线并适合对方空中接球得 1 分。持续练习 10 分钟，得分最多的球员获胜。

个人进攻训练（1对1）

1对1是2名球员进行攻防发力练习，进攻球员要调整身体姿势给球提供保护，让球和防守球员之间保持距离，利用假动作或突然改变速度和方向来突破防守。

准备工作	用4个锥桶标记出1个10米×20米的场地，2名球员位于场地内。

人数	2人
时间	10分钟

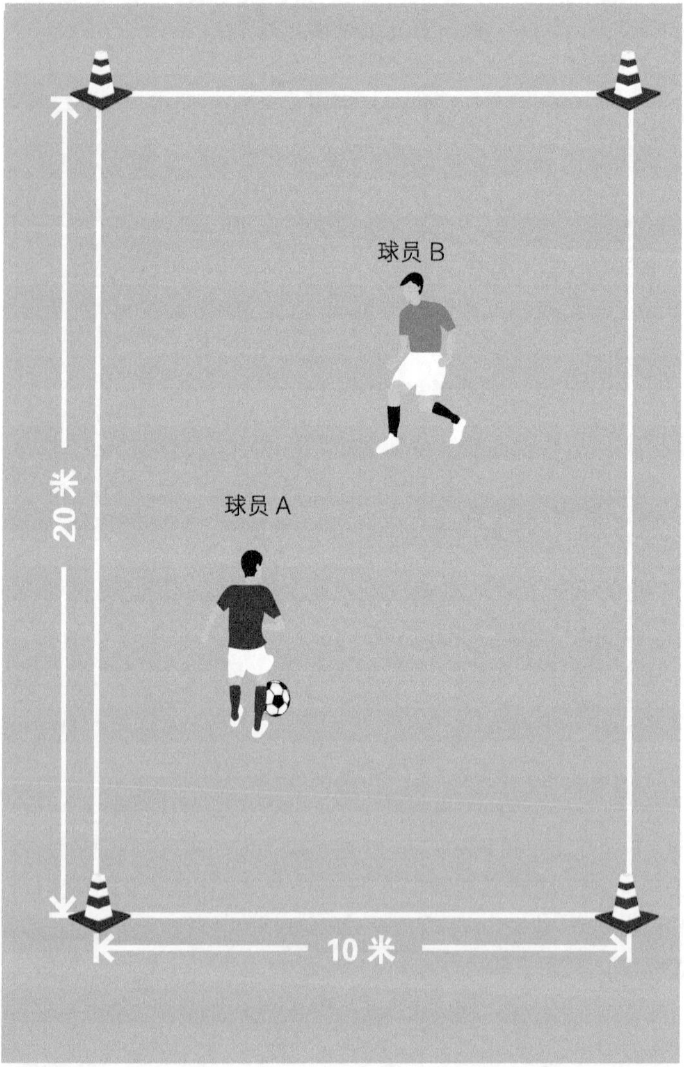

训练步骤

① 2名球员在场地内，球员A持球，当听到教练的信号后，球员A通过严密的控球并配合突然改变速度和方向让球远离对手。而球员B试图抢夺控球权。

② 持续练习30秒，然后休息30秒继续练习。在30秒内能够保持控球权得1分，中途不能离开场地范围。持续训练10轮，然后双方交换角色，继续练习。结束后，得分高的球员获胜。

知识点

假动作

进攻球员可以用身体的假动作来误导对方，趁对方还没有反应过来，迅速突破防守。

个人进攻训练（转向目标并进攻）

转向目标并进攻是球员在接到队友的传球后，突破中线上的防守并向底线上的目标球员进攻的练习。训练时注意控制与防守球员之间的距离。

准备工作 用4个锥桶标记出1个10米×20米的场地，4名球员位于场地内。

人数	4人
时间	15分钟

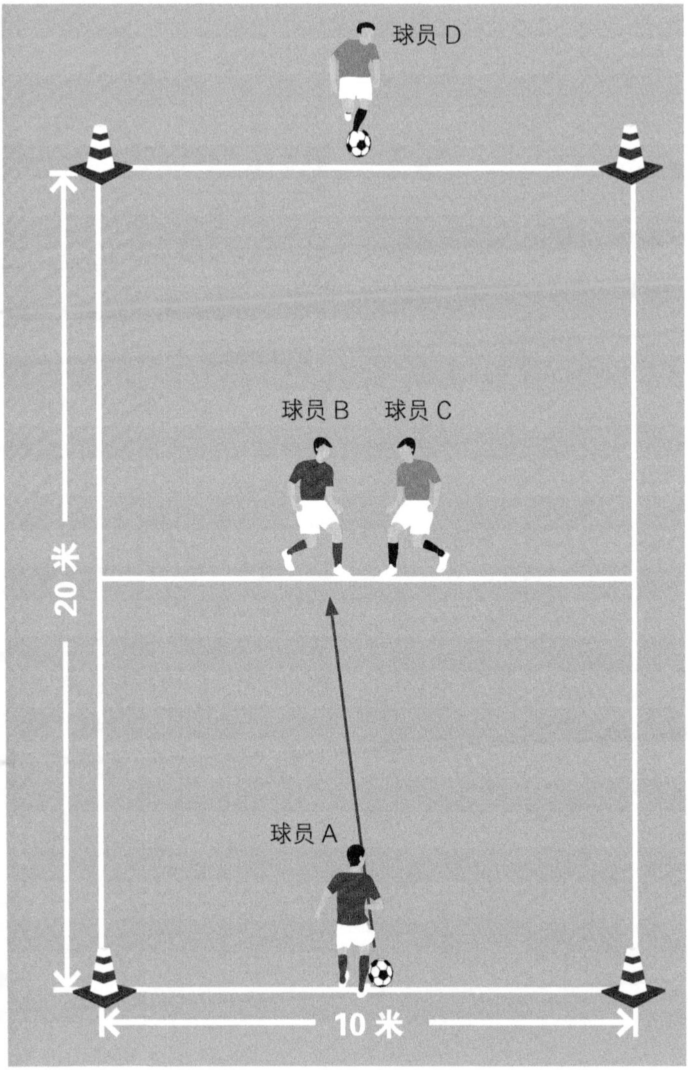

小提示

在接队友的传球时要向来球方向移动，否则容易被对手抢夺。

训练步骤

① 球员平均分成2组，每组2人，每组1名球员分别持球站在两侧底线上，另外2名球员站在场地的中线上。当听到教练的信号后，球员A将球传给球员B，球员B接球后将球转向球员D并发动进攻，球员C进行防守。

② 球员B成功将球转向球员D得1分，突破防守并将球准确传给球员D再得1分。底线上的球员可以沿着底线移动，中线的球员在接球后的15秒内将球转向目标球员并发起进攻。接球15秒后，该轮比赛结束。然后换球员D向队友传球，如此进行10轮训练，得分高的一组获胜。

个人进攻训练 [1(+1)对1(+1)挑战迷你球门]

此训练是场地中的2名球员进行1对1比赛，另外2名球员分别防守己方球门的练习。进攻球员持球试图突破防守，并将球转向对方球门射门。防守球员则进行防守，阻止对方进攻并试图抢夺控球权。

准备工作	用 4 个锥桶标记出 1 个 10 米 ×20 米的场地，两侧底线的中间分别放置 2 个相距 4 米宽的标示盘作为球门。

人数	4 人
时间	10~15 分钟

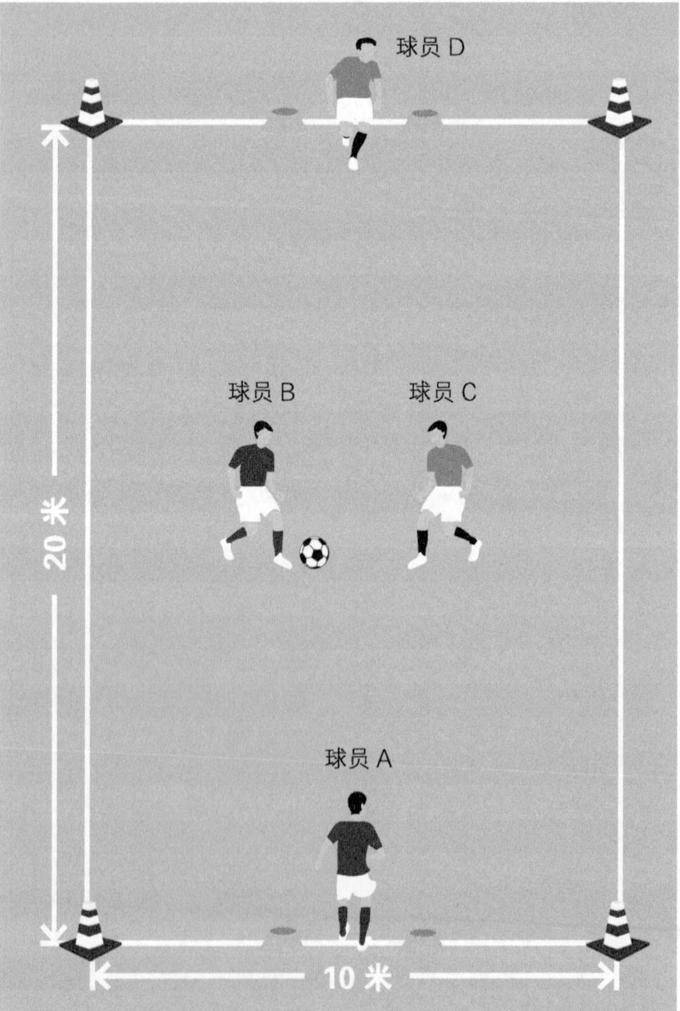

训练步骤

① 所有球员平均分成 2 组，每组 2 人。每组 1 名球员站在球门前作为守门员，剩下的 2 名球员站在场地中间。当听到教练的信号后，球员 B 带球进攻，球员 C 进行防守，在中场进行 1 对 1 比赛。

② 球员 B 成功将球传到球员 D 脚下得 1 分，如果被球员 C 抢走控球权，则球员 C 变为进攻方，并试图向球员 A 的位置射门。中场的球员可以将球回传给队友以缓解压力，也可以接队友的回传球。但守门员不能脱离底线。每次防守球员抢走控球权、球出界或成功射门时，变更球的所有权。持续训练 3 分钟，每轮后队友之间更换位置，先获得 5 分的小组获胜。

5.4 团队进攻训练

进攻支援训练（3对1夺球比赛）

3对1夺球比赛可以锻炼球员的支援移动能力并帮助其找到第二进攻者的正确位置。练习时进攻者要使用恰当的速度传球并保证一定的准确率，还要根据球的运动路线重新调整位置。

准备工作　用4个锥桶标记出1个12米×12米的场地，所有球员位于场地内。

人数	4人
时间	5分钟

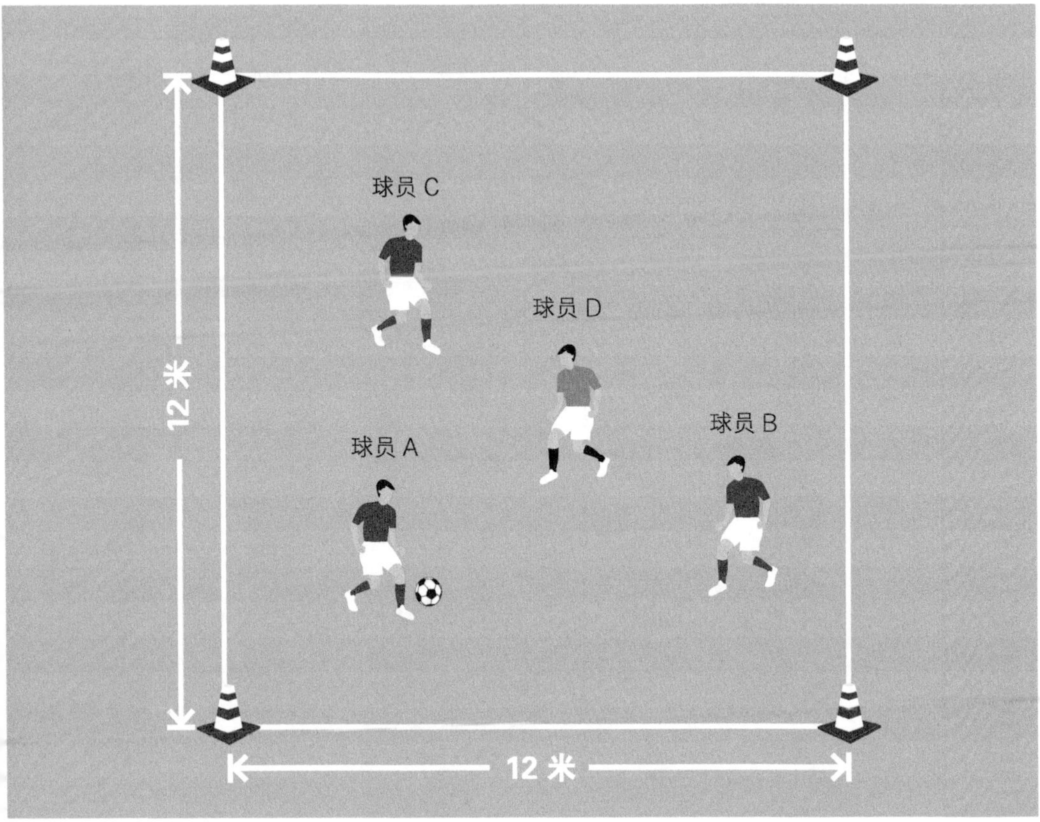

球员C
球员D
球员B
球员A
12米
12米

训练步骤

① 球员A、B、C为进攻者，球员D为防守者，形成3对1的形势。进攻者可以在场地内任意移动，并且传球和接球不限制触球次数，试图让球远离防守者。

② 持续训练5分钟，然后防守者和进攻者交换。

在进攻区域带球射门

在进攻区域带球射门是通过向前传球或带球进入空地快速前进，到达进攻区域后，以1对1的形式突破防守并成功射门。

准备工作 用 4 个锥桶标记出 1 个 50 米 ×75 米的场地，将场地平均划分为 3 块区域，两侧底线用 4 个标示盘设置 2 个标准大小的球门。

人数　10 人

时间　25 分钟

知识点

触球次数

防守区域内，要在限制的触球次数里快速带球前进。

训练步骤

① 所有球员平均分成 2 组，每组有 4 名场上球员和 1 名守门员。当听到教练的信号后，从场地中间开球，将球踢入对方球门得分。

② 在距离各个球门最近的防守区域内，球员只能使用 3 次以内的触球来控球。中间区域没有触球限制，但仅允许球员向前带球移动，不能通过带球突破对手。在进攻区域内，球员必须带球超过对手才能射门。其余规则与正规的足球比赛一样，球员每次违反规则罚 1 分，每次失去控球权罚 1 分，通过带球突破对手并成功射门得 2 分。持续训练 25 分钟，得分高的组获胜。

转移进攻点

此动作中设有多个球门，进攻方可以在进攻时进行宽度和深度部署，拉长与对手的防守距离，以短距离传球诱导防守方，然后快速转移进攻点。

准备工作 用 4 个锥桶标记出 1 个 50 米 ×70 米的场地，两侧底线分别用 6 个标示盘设置 3 个 4 米宽的球门。

人数 12~16 人，须为偶数

时间 20 分钟

70 米

50 米

训练步骤

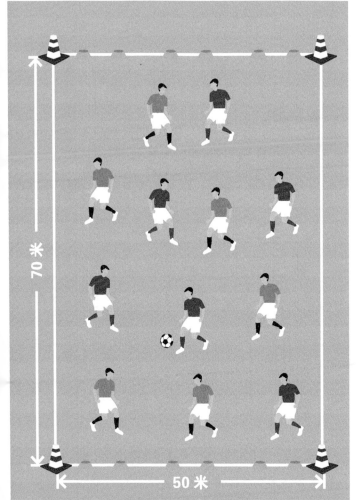

① 所有球员平均分成 2 组，每组 6~8 人。每组球员防守己方底线上的 3 个球门，并通过将球踢入对方球门得分，不需要守门员。当听到教练的信号后，从场地中间开球，控球方为进攻方，另一组为防守方。进攻方快速移动球，在恰当的时机转移进攻点，并向防守薄弱的球门发起进攻。

② 球以低于腰部的高度成功射门得 1 分。除了越位规则，其余规则与标准的足球比赛一样。持续训练 20 分钟，得分高的组获胜。

小提示

练习时可以通过限制触球次数来提高训练难度。

整体团队进攻（西班牙队的风格）

西班牙国家男子足球队曾使用整体团队进攻的方式赢得2012年的欧洲杯冠军，该进攻方式在向前进攻的同时保证了球队的紧凑性和相互配合。

准备工作	用 4 个锥桶标记出 1 个 80 米 ×60 米的场地，场地中间标有 1 条中线，两侧底线各有 1 个标准球门。
人数	16 人
时间	20 分钟

训练步骤

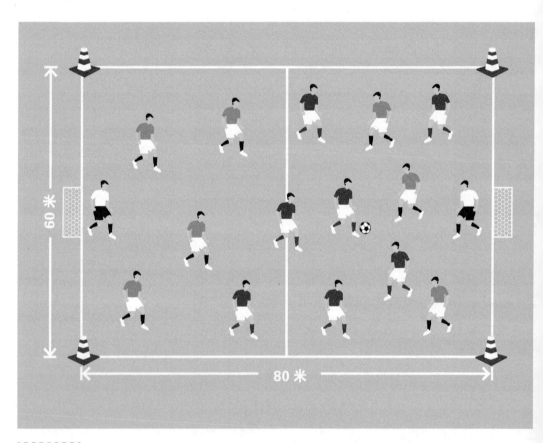

① 所有球员平均分成 2 组，每组有 7 名场上球员和 1 名守门员。每组球员防守己方底线上的球门，并通过将球踢入对方球门得分。

② 控球一方的所有 7 名场上球员必须向前移动，进入对手那侧场地后才能射门。每次成功射门得 2 分，如果被守门员拦下得 1 分。持续训练 20 分钟，得分高的组获胜。

团队进攻模拟训练

团队进攻模拟训练是球员在场地上选择一个阵形，然后按照该阵形进行部署，守门员位于球门前，教练在场地外侧供球的练习。以比赛的速度来练习传球、接球和射门。

准备工作	所有球员位于标准场地内，教练持球在场地外供球。

人数	11 人
时间	15~20 分钟

训练步骤

① 在标准的足球场地中，球员呈 4-4-2 阵形位于半场内，守门员位于球门前，教练站在离球门 30 米远的地方供球。教练发出信号后，将球传给守门员，守门员接球后立即发球给后卫或前卫。球员在没有对手阻碍的情况下集体沿着球场向下传球，然后将球射入对方的球门。

② 在带球向对方球门前进时，球员要根据球的移动轨迹采取合适的进攻方式。球员只能使用 3 次以内的触球来接球、传球和射门，并保持整个比赛的流动性和流畅性。每次成功射门后，球员们快速跑回起始位置，由教练再向守门员传球。重复练习 30 次。

第 6 章

防守

防守的目的是抢夺控球权，在球向对手滚去、对手接到球及踢出球的时候，球都有可能被截走。对进攻球员而言，关键是要看准时机，在一瞬间发动攻势。球员在防守时不仅要有很强的机动性和保护性，还需要准确地判断进攻球员的动作。

正面抢截

6.1 个人战略战术

正面抢截是直接从面向自己的带球的对手那里获得控球权，是比赛中由防守转换为进攻的主要技术。正面抢截时动作要迅速、果断。

两名球员保持一定距离面对面站立，持球球员带球前进，防守球员准备抢截。

用脚内侧截球

防守球员快速拉近与持球球员的距离，双脚呈前后开立姿势，保持半蹲，降低身体重心。

防守球员脚踝保持稳定，用脚内侧向球的中心推过去，身体重心前移，赢得控球权。

知识点

技术要点

要用截球脚的脚内侧触球，脚和脚踝在向前伸出时都要保持稳定，脚内侧发力向球的中心推过去。

捅球

捅球技术常用于短距离传球和抢点射门，球员要快速拉近与对手的距离，将腿和脚前伸，用脚趾触球。此技术具有动作小、速度快的特点。

防守球员接近持球球员，位于其身体左后方，保持身体平稳，将注意力集中在球上。

防守球员右脚前伸，用脚趾捅球；注意在触球前，减少与持球球员发生身体接触。

球被捅出后，防守球员迅速向前跑去，赢得控球权。

小提示

在接近持球球员时，防守球员始终要保持身体平稳，看清楚球的位置，在恰当的时机迅速伸脚捅球。注意要瞄准球而不是对手，踢球时故意踢到对手是犯规的。

1对1防守应该学会的技巧

1对1防守是通过掌控与对手之间距离来限制对手的行动。如果想要缩短与对手之间的距离，就不要让对手一口气突破防守。以下这些1对1防守技巧都是十分关键的。

1. 防守的基本姿势

双脚前后开立，身体正对对手，尝试用脚步牵制对手的基本姿势。球员要练习使用该姿势来应对任何方向上的攻势。

2. 目测双方距离

在对手没有接到球之前，防守球员要尽量接近对手，从而限制对手的行动。防守球员要掌控好与进攻球员的距离，如果太近进攻球员可能一转身就突破了防守。

3. 以站位来限制对手的行动

挡在对手与己方球门之间是最基本的方法，如果对手横向传球，也可以挡在传球线上，这会使对手的行动受到限制。优秀的防守球员要以站位来阻止对手突破。

4. 把铲球当作最后手段

在比赛中，防守球员一般都是站着抢球的，但如果是在防线要被攻破的紧要关头，可以尝试用铲球来拦截球。铲球滑行后要保证自己可以迅速起身。

简单1 对 1（防守版）

简单1对1是1名进攻球员对1名防守球员的训练方式，进攻球员带球向防守方的球门进攻，并避免球被防守球员抢走，在1对1的情况下寻找机会射门。

准备工作 用 4 个锥桶标记出 1 个 15~20 米 × 25~35 米的场地，教练持球，进攻方和防守方各选择 1 名球员进入场地。

人数 10~16 人，须为偶数

时间 15~20 分钟

小提示

防守时一般是站着抢球的，但在面对快被突破的情况时，可以尝试铲球。铲球具有迅速、突然等特点，是借助身体倒地时用脚或腿的蹬伸动作进行拦截。

训练步骤

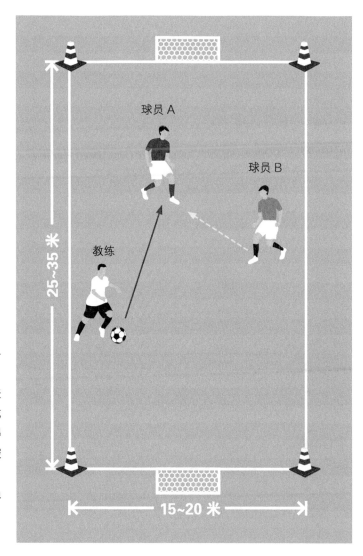

① 由教练持球，将球传给球员 A，球员 B 迅速上前抢球。

② 球员 A 带球向对方球门进攻，球员 B 进行防守，并寻找机会抢球。球员 A 成功射门得 1 分，如果球员 B 成功抢夺控球权，也可以朝对方球门进攻。得分或球出界就换下一组球员上场。持续练习 15~20 分钟，得分高的球员获胜。

有支援者的1对1（防守版）

有支援者的1对1是防守球员面对2名进攻球员的训练方式。防守球员要拉近与进攻球员的距离并限制对方的行动，寻找机会抢球，同时还要防范对手的支援。

准备工作：在图中所示的位置上放置1个锥桶和1个标示盘，3名球员位于场地内。

人数 ：6~15人，须为3的倍数

时间：15~20分钟

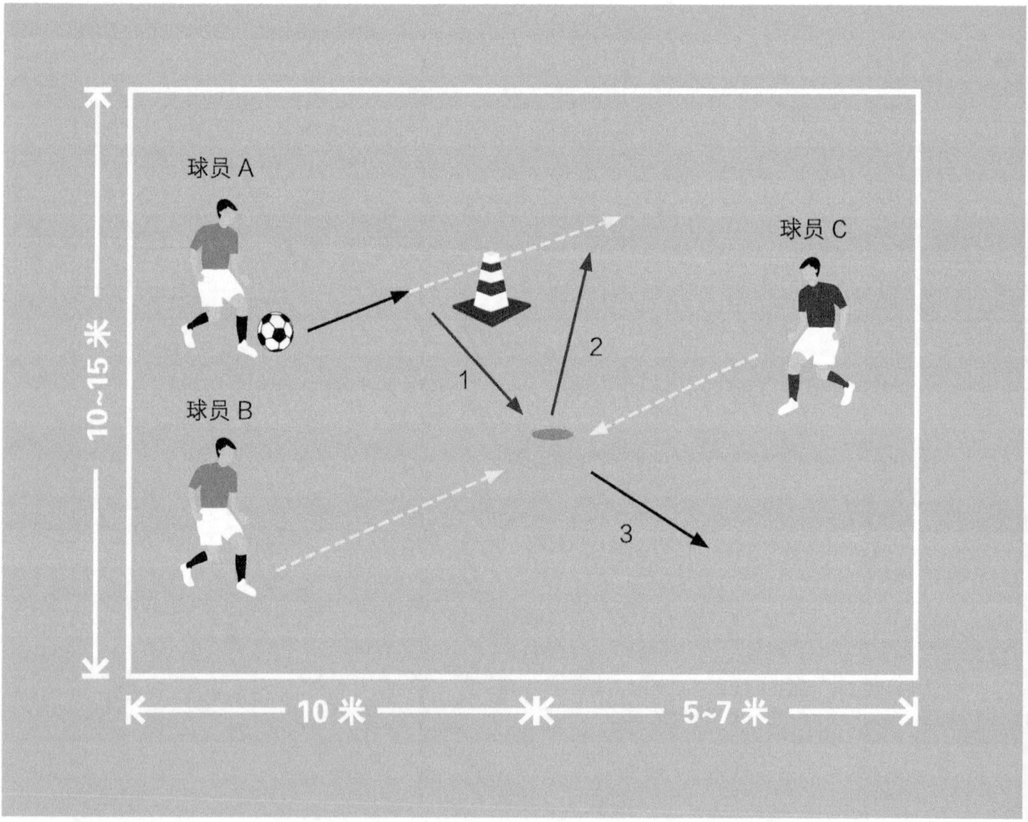

训练步骤

球员A带球出发，同时球员B向标示盘方向移动。球员A将球传给标示盘附近的球员B（路线1），球员B可以把球回传给球员A（路线2），也可以直接带球突破（路线3）。球员C向接到球的球员B接近，并设法抢夺控球权，如果球员B射门或球被抢走，就换下一组。

分边过线1对1

分边过线1对1是持球的球员为进攻方，另一名球员为防守方的训练方式。进攻方设法带球突破防守，将球带过对方底线；而防守方则要进行防守，寻找机会抢夺控球权。

准备工作 用 4 个锥桶标记出 1 个 15~20 米 ×10~15 米的场地，教练持球，进攻方和防守方各选择 1 名球员进入场地。

人数 10~16 人，须为偶数

时间 15~20 分钟

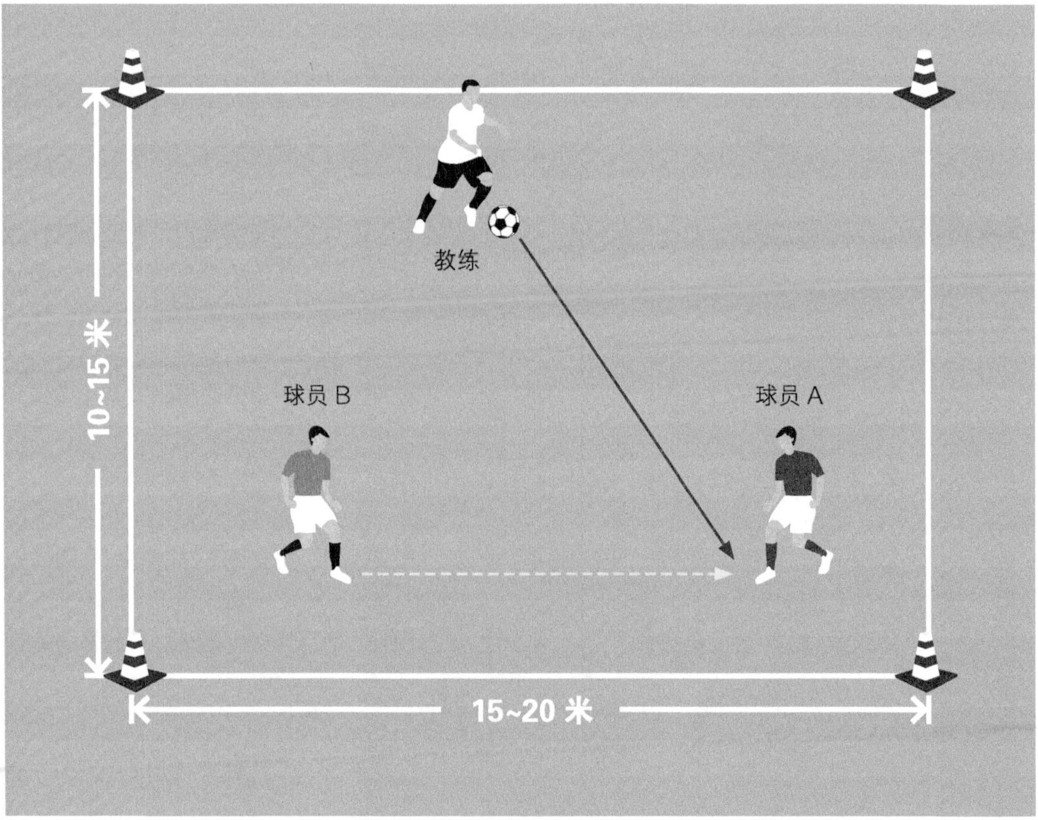

教练

球员 B

球员 A

10~15 米

15~20 米

训练步骤

① 教练持球，将球传给球员 A，球员 B 迅速上前抢球。

② 球员 A 带球越过对方底线得 1 分，球员 B 如果成功抢到控球权，也可以朝对方底线进攻。得分或球出界就换下一组球员上场。防守方要使用正确的脚步技巧来阻挡进攻方带球前进。持续练习 15~20 分钟，得分最高的球员获胜。

有目标球员的分边过线1对1

此练习比较真实地模拟了中场的攻防，如果球被进攻球员成功传给目标球员，对方就可以轻松突破防守进行回传球。因此防守球员要挡在进攻球员和目标球员之间，在阻挡进攻的同时设法抢球。

准备工作	用4个锥桶标记出1个12~15米×15~20米的场地，在两侧底线用4个标示盘设置2个1~2米宽的球门。
人数	8~16人，须为4的倍数
时间	15~20分钟

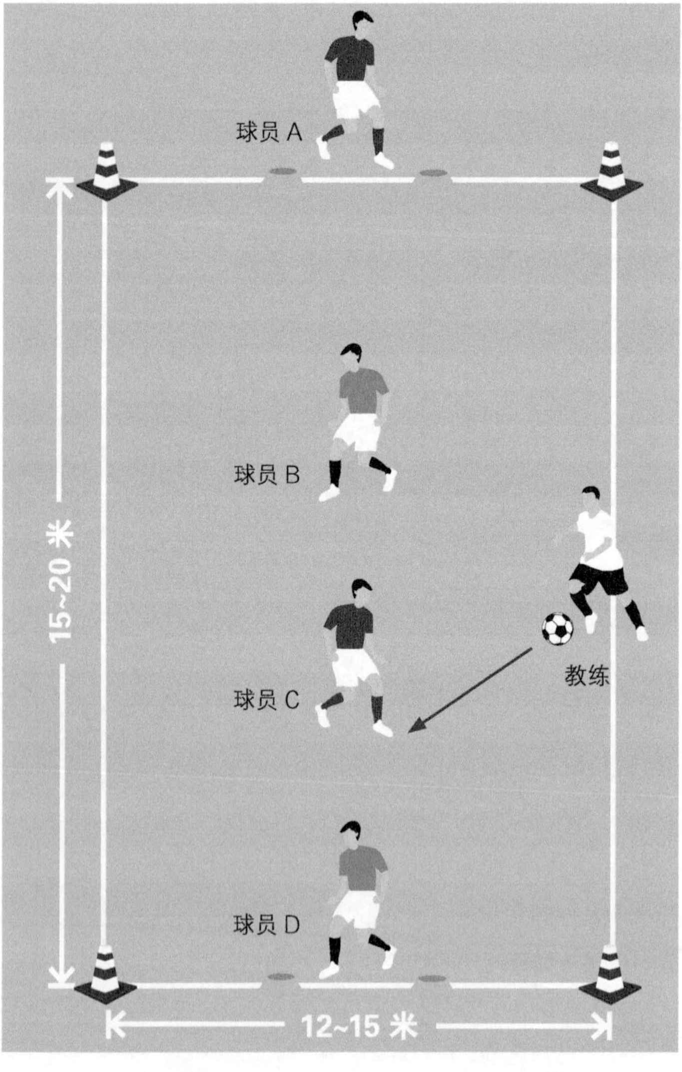

球员A

球员B

球员C

球员D

教练

15~20米

12~15米

训练步骤

① 双方各派2名球员，两侧底线的球门处每组各站1名目标球员，剩下的2名球员站在场地内。教练持球，将球传给球员C，同时球员B迅速上前抢夺控球权。球员C可以选择将球传给目标球员，多使用回传球。球员B如果成功抢到控球权，也可以向对手的底线进攻。

② 成功射门得1分。每次成功射门或是球出界就换下一组球员上场。持续练习15~20分钟，得分最高的组获胜。

小提示

防守球员要根据对手的传球方向调整站位：如果对手想传球给目标球员，防守球员最好站在对手和目标球员之间；如果对手想要横向传球，也可以挡在传球线上。

锥桶分边射门1对1

锥桶分边射门1对1可以锻炼防守球员在防守对手的同时注意球门的位置，防守球员不光要阻挡进攻球员带球前进，还要阻挡对方的射门角度。

准备工作	标记 1 个 15~20 米 ×10~15 米的场地，场地两端用 4 个锥桶设置 2 个 1~2 米宽的球门。

人数	10~16 人，须为偶数
时间	15~20 分钟

教练

球员 B

球员 A

10~15 米

15~20 米

训练步骤

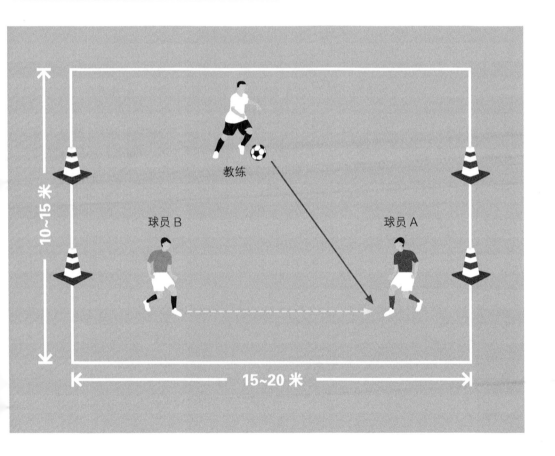

① 教练持球，将球传给球员 A，同时球员 B 迅速上前抢球。球员 A 带球进攻，把球踢进对方球门中就算射门成功。球员 B 如果成功抢到控球权，也可以向对方球门进攻。

② 每次成功射门或是球出界就换下一组球员上场。持续练习 15~20 分钟。

6.2 个人防守训练

防守底线

防守底线是防守球员要阻止进攻球员越过底线，在进攻球员带球前进时，防守球员要快速拉近与进攻球员之间的距离，使用前后站立的防守姿势来阻止对手突破的练习。

准备工作 用 4 个锥桶标记出 1 个 10 米 ×30 米的场地，教练持球。

人数	2 人
时间	15~20 分钟

球员 B
教练
30 米
球员 A
10 米

训练步骤

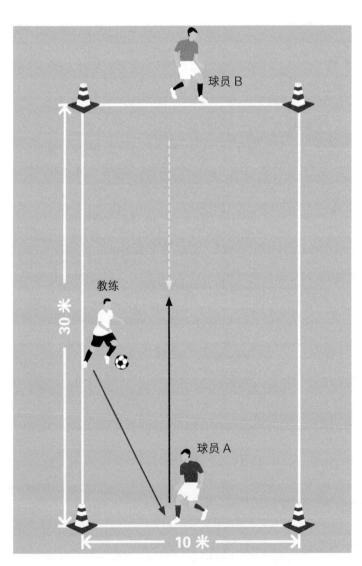

① 球员 A 作为进攻球员站在底线上，球员 B 作为防守球员站在另一侧底线。教练持球，将球传给球员 A，球员 A 带球前进，并试图带球通过对方底线。球员 B 离开底线快速向前，拉近与球员 A 的距离。球员 B 如果成功抢到控球权或将球踢出界外，得 1 分。

② 每轮比赛结束后，球员回到起始位置继续练习。持续进行 20 轮，随后 2 名球员交换位置重复练习。结束后，得分高的球员获胜。

小提示

缩短与对手之间的距离，可以限制对手的行动。如果对手成功带球突破，防守球员也要立刻追赶，就算难以将球追回，也可以给对手制造一定的心理压力，增加对手射门失误的可能。

1对1多个迷你球门

1对1多个迷你球门是进攻球员可以从多个不同的球门射门的练习。防守球员要对进攻球员施加压力，阻止其射门。练习时，防守球员要保持双脚前后开立的姿势，膝盖弯曲，降低身体重心。

准备工作	用4个锥桶标记出1个40米×40米的场地，场地内用标示盘设置6~8个3米宽的球门，球门随机分布。

人数	10~16人，须为偶数
时间	15~20分钟

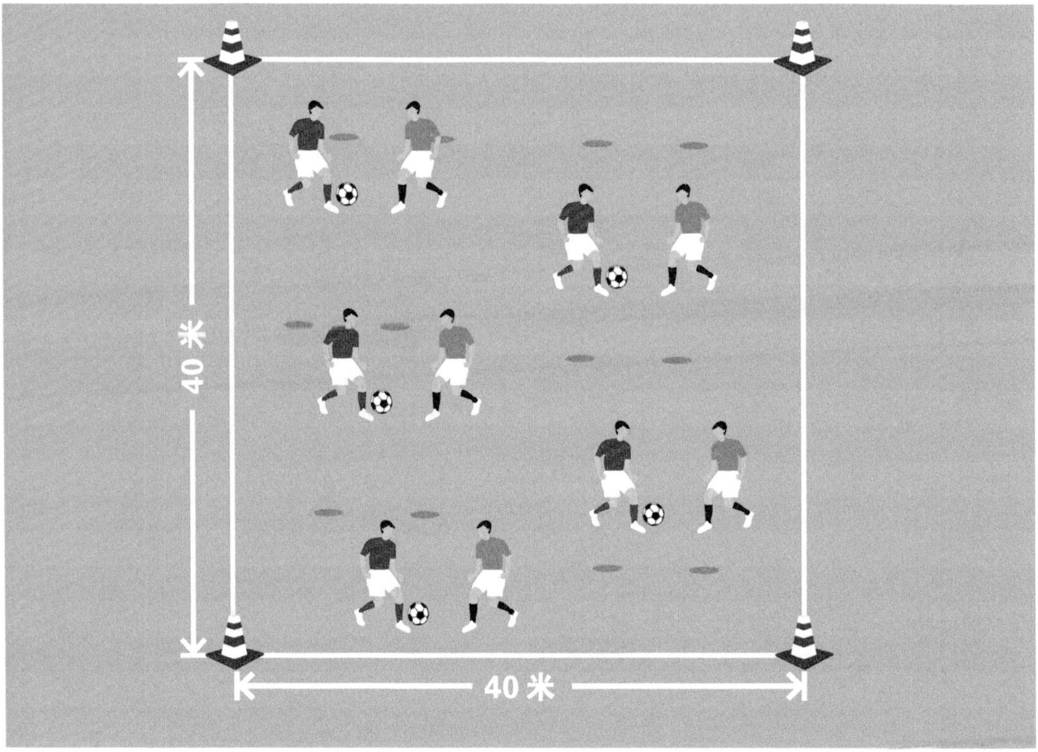

40米

40米

训练步骤

① 组织人数相同的2个球队，指定一队为进攻方，另一队为防守方。进攻方的1名球员和防守方的1名球员为一组，每组1个足球。当听到教练的信号后，进攻球员持球，可以在规定时间内从球门的任意一侧进球，但不能连续在同一个球门进球。如果球被防守球员抢断，防守球员要将球控制好，阻止对手进球，比赛持续45秒。

② 比赛结束后，进攻方将进球数（每进一球得1分）加起来得到团队总分。休息片刻后，2个球队交换角色，继续练习，团队总分高的球队获胜。

1对1盯防比赛

1对1盯防比赛是防守方每名球员盯紧进攻方的每名球员的练习。练习时，防守球员要快速向前，拉近与对手的距离，封住其进攻路线，使对手感到压迫感。

准备工作　用 4 个锥桶标记出 1 个 40 米 ×25 米的场地，在场地两端用 4 个标示盘设置 2 个 4 米宽的球门。

人数	6 人
时间	15~20 分钟

25 米

40 米

训练步骤

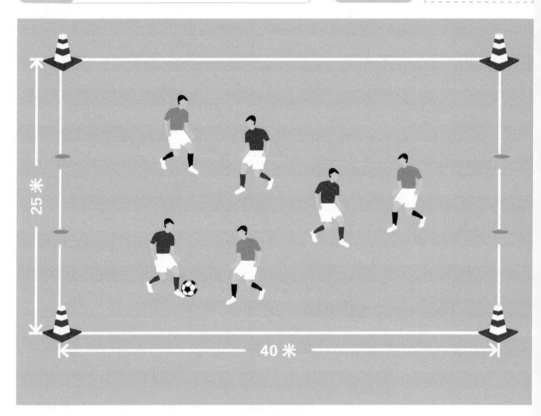

① 所有球员平均分成 2 组，每组 3 人，分别防守 1 个球门，不需要守门员。当听到教练的信号后，从场地中间开球，每名球员 1 对 1 地盯紧对手。

② 因为没有守门员，所以除了越位规则，其余规则与标准的足球比赛一样。进攻球员可以在球场的任意位置射门，所以防守球员要紧盯着球。如果球被防守球员抢断、出界或成功射门，则交换控球权。持续练习 15~20 分钟，获得分数最高的组获胜。

6.3 小组防守训练

2对2进球

2对2进球是2名防守球员和2名进攻球员进行攻防训练的一种方式，第一防守球员要给持球的进攻球员直接施加压力，同时第二防守球员移动到合适的盯防位置，并伺机上前抢球。

准备工作 用 4 个锥桶标记出 1 个 25 米 ×20 米的场地，在场地两端用 4 个标示盘设置 2 个 4 米宽的球门。

球员 B　球员 D

球员 A　球员 C

20 米

25 米

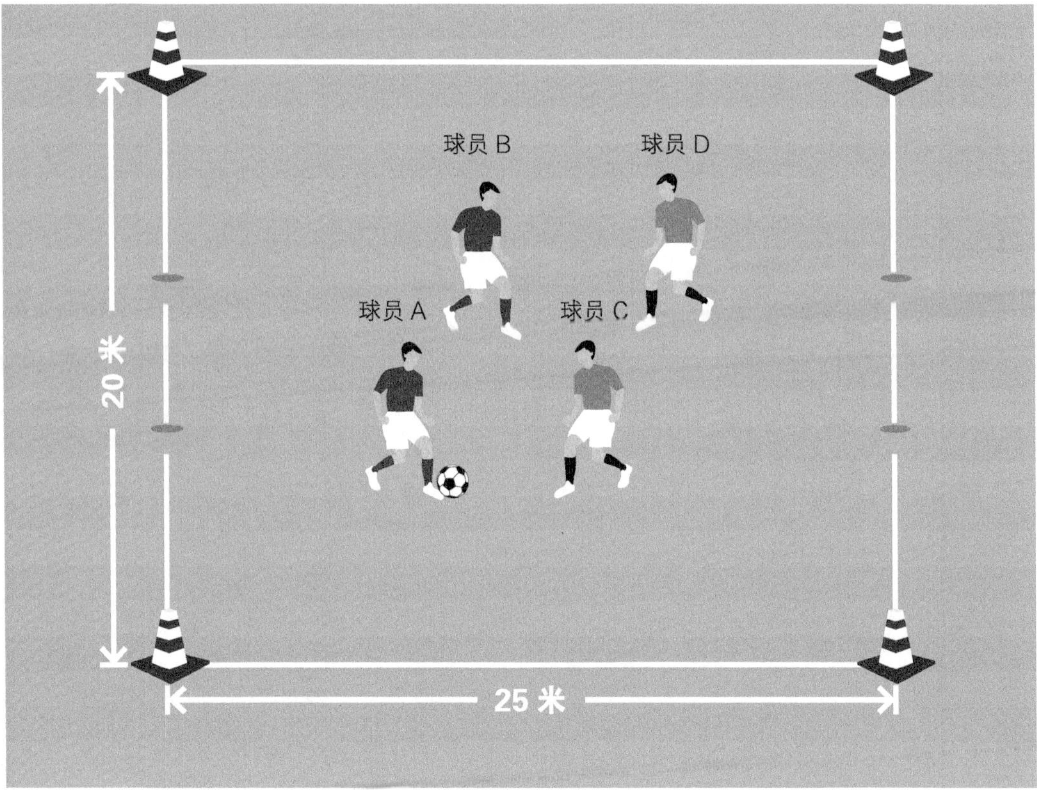

训练步骤

① 所有球员平均分成 2 组，每组 2 人，分别防守 1 个球门，不需要守门员。球员 A 持球，当听到教练的信号后，从场地中间开球，通过向对方的球门进球得分，且进球的高度要低于膝盖。如果防守球员成功抢到控球权，也可以向对方球门进攻。防守球员要与队友相互配合，给予进攻球员足够的压力。

② 球员 C 在施加压力的同时，球员 D 要移动到合适的位置，阻止对手从球员 C 的侧边传球突破。如果球被传给球员 B，球员 D 要立即准备抢球。持续练习 15 分钟，进球次数多的组获胜。

3对2（+1）比赛

此比赛是3名进攻球员对2名防守球员，球门处还有1名守门员做最后的防守的练习。场上的2名防守球员要在进攻点直接施加压力，阻止对手带球突破，要占据有利位置以应对对方的传球。

准备工作 用4个锥桶标记出1个30米×20米的场地，在场地两端用4个标示盘设置2个4米宽的球门。

人数	6人
时间	15~20分钟

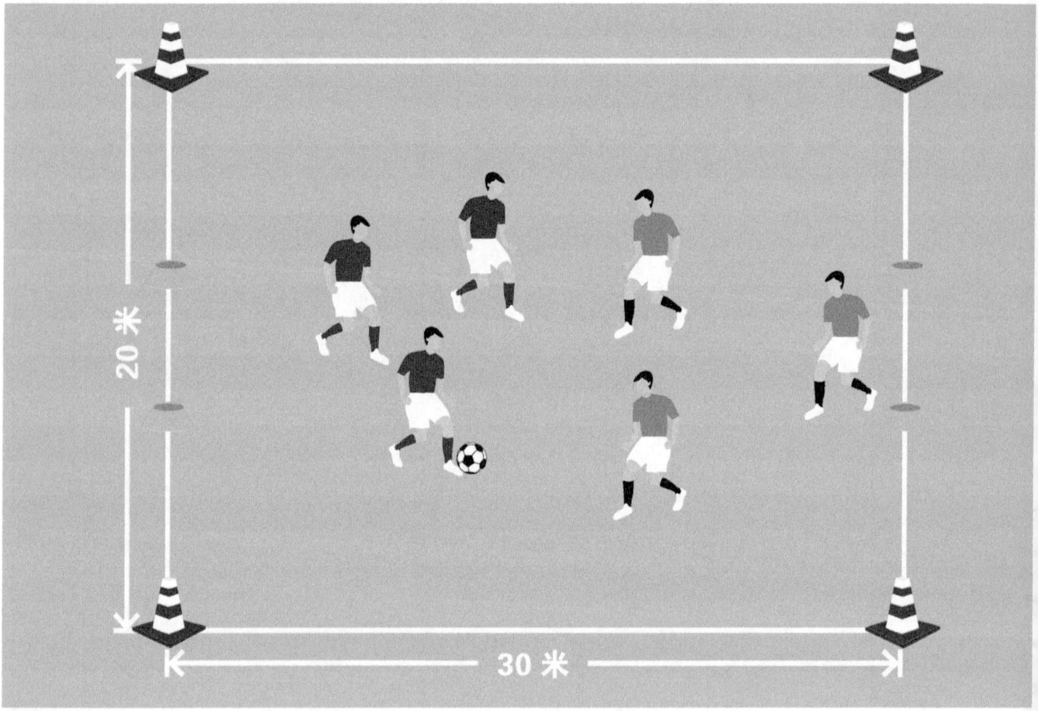

训练步骤

① 所有球员平均分成2组，每组3人。持球的一组为进攻方，另一组为防守方。当听到教练的信号后，进攻方的3名球员发起进攻，防守方安排2名场上球员和1名守门员，试图抢夺控球权，并阻止对方射门。进攻方带球突破防守并成功射门得1分，如果球被防守球员拦截，防守球员要将球回传给守门员，然后才能向对方球门发起进攻；守门员也随队友一起进攻。

② 失去控球权的一方，要安排1人作为守门员，剩下的2名球员进行防守。当防守球员抢断球、进攻球员成功射门或进攻方最后一次触球后球出界时，双方交换控球权。球员们轮流担任守门员，持续练习15~20分钟，得分高的组获胜。

每侧场地3对2

每侧场地3对2的练习可以提升球员之间的战术配合能力，防守球员要迫使进攻球员只能侧向传球或从不佳的角度射门，并保证第一防守球员身后的空间。

准备工作　用 4 个锥桶标记出 1 个 50 米 ×35 米的场地，中间标有 1 条中线，在场地两端设置 2 个标准球门。

12 人

15~20 钟

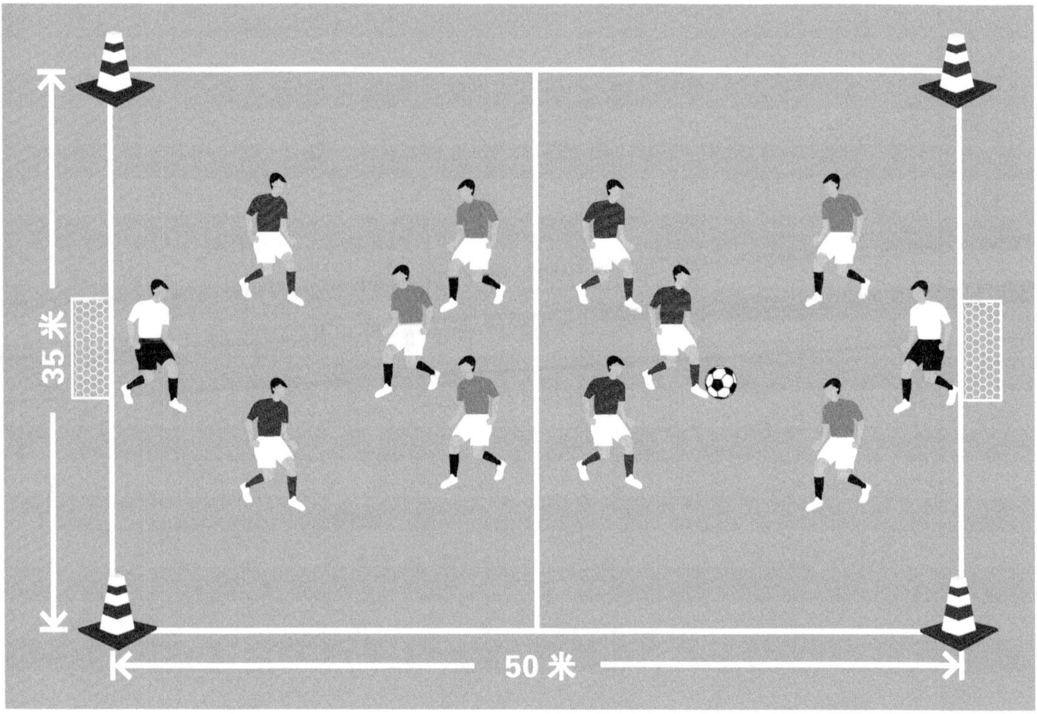

训练步骤

① 所有球员平均分为 2 组，每组 6 人，在 2 个球门前分别安排 1 名守门员。每组指定 3 名球员作为进攻球员位于对手半场中，2 名球员作为防守球员位于己方半场中，两侧场地由此形成了 3 对 2 的情形。每组球员防守己方球门，并可以通过将球射入对方球门得分。

② 球员只能在指定的半场内移动，如果防守球员成功抢球，可以将球传给另一侧场地中的队友，从而发起进攻。其他规则与标准的足球比赛一致，持续练习 15~20 分钟，让对方进球少的一组获胜。

阻止致命传球

阻止致命传球是4名进攻球员对2名防守球员的练习，防守球员要对控球的对手施加压力，限制进攻球员的传球空间，防止对手传出经过己方球员之间的致命传球。

准备工作 用4个锥桶标记出1个15米×15米的场地，4名进攻球员和2名防守球员位于场地内。

人数 6人

时间 10分钟

训练步骤

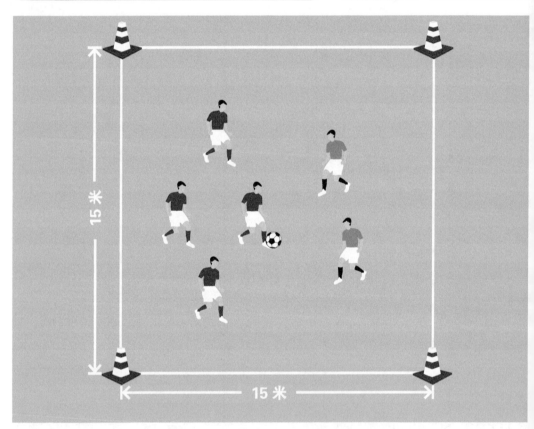

① 所有球员分成2组，4名球员的一组为进攻方，2名球员的另一组为防守方。进攻方持球，试图让球在场地内远离防守方，防守方则尽力抢夺控球权。

② 进攻方连续完成6次传球得1分，如果传出从2名防守球员之间经过的致命传球，则再加1分。防守方每次获得控球权或迫使进攻方将球踢出界外得1分。持续练习10分钟，得分高的组获胜。

阻止对手突破

阻止对手突破是4名进攻球员站在场地边线的中间，持球的进攻球员直接带球穿到对面边线上，场地中间的2名防守球员要进行阻挡，同时还要盯防进攻球员的传球，防止其他方向的进攻球员带球突破的练习。

准备工作 用 4 个锥桶标记出一个 20 米 ×20 米的场地，教练在场地外供球，4 名进攻球员和 2 名防守球员位于场地内。

人数	6 人
时间	5 分钟

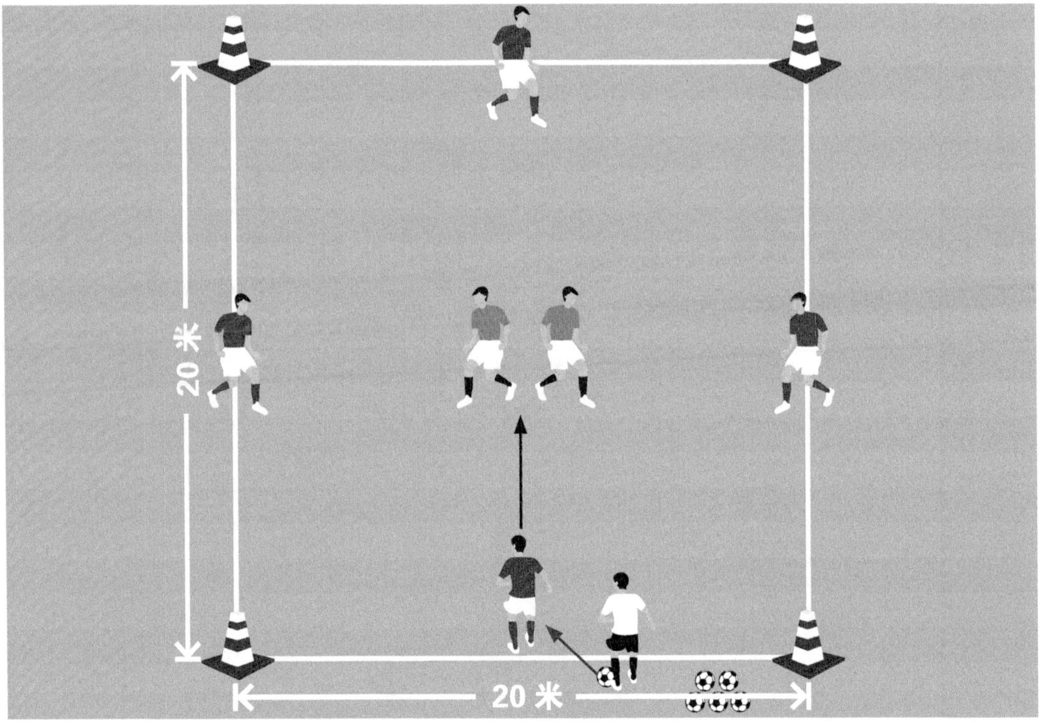

训练步骤

① 进攻方的 4 名球员分别站在 4 条边线的中间，防守方的 2 名球员站在场地中心，教练站在场地外供球。训练开始时，教练向进攻球员传 1 个球，接球的进攻球员带球前进，试图直接将球带到对面边线上。场地中间的 2 名防守球员要联合阻止对手突破，如果进攻球员不能立即突破防守，则将球传给侧面的队友，同时防守球员也要重新调整位置，阻止新的进攻球员突破。

② 如果防守球员成功抢夺控球权或球出界，教练立刻向不同方向的进攻球员供球。每次进攻球员成功带球到达对面边线得 1 分，进攻球员沿着场地外侧的边缘回到起始位置，同时教练向不同的进攻球员供球。持续练习 5 分钟，然后场地中间的防守球员与 2 名进攻球员交换位置，使每名球员都当一次防守球员。训练结束后，得分最高的球员获胜。

数量优势在罚球区中防守

此练习是2名防守球员和1名进攻球员在罚球区内进行的攻防训练，防守方在人数上占据优势，进攻球员持球突破2名防守球员后，射门时还要攻下守门员。

准备工作 1名中立守门员位于球门前，2名防守球员和1名进攻球员位于罚球区内，另1名进攻球员在场地外供球。

人数	5人
时间	90秒

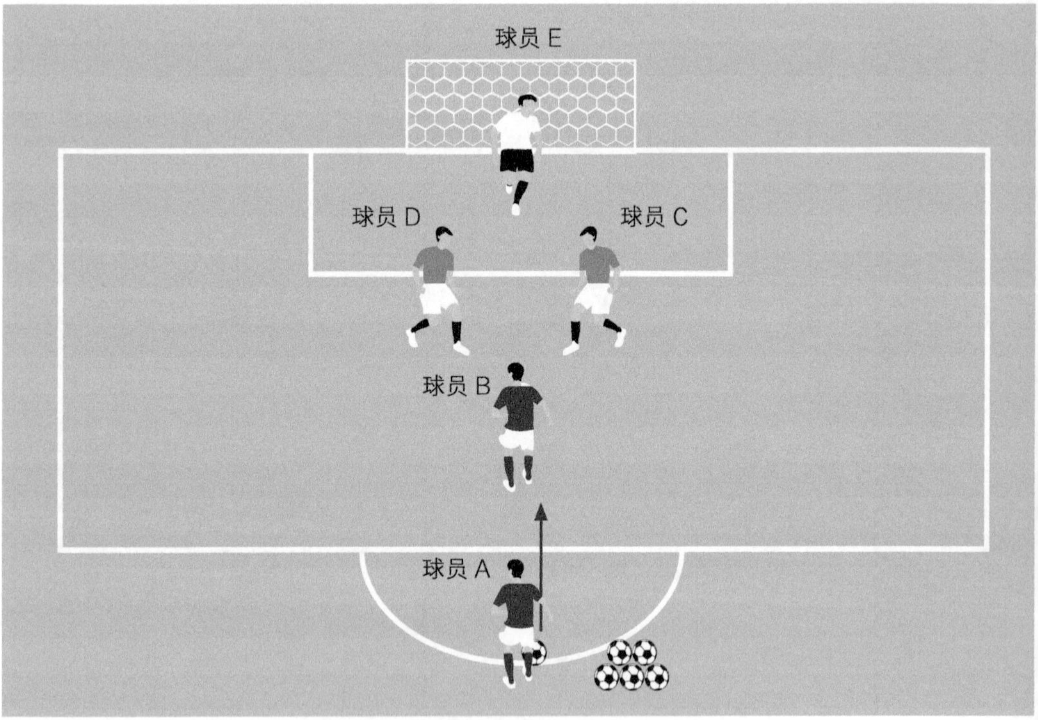

训练步骤

① 在标准球场一侧的罚球区内进行练习，球员E作为中立守门员站在球门前，剩余球员分成2组，每组2人。球员C和球员D在罚球区内作为防守方，球员B在罚球区内作为进攻方，球员A在场地外供球。当听到教练的信号后，球员A将球传给球员B，球员B试图带球突破防守并向球门射门得分。在球成功射门或被守门员拦下的同时，球员A继续向罚球区内供球，使比赛继续进行。

② 持续练习90秒，然后进攻球员和供球球员交换位置继续练习；进行多轮后，两组球员互换角色。进攻方的射门被守门员拦下则进攻方得1分，如果成功射门得2分，最后得分高的组获胜。

3对3（+2）控球比赛

此比赛是5名进攻球员对3名防守球员的练习，进攻方有2名球员是中立的，一旦防守方成功抢球，他们就跟随持球的一方进攻。

准备工作　用 4 个锥桶标记出 1 个 25 米 ×25 米的场地，所有球员位于场地中。

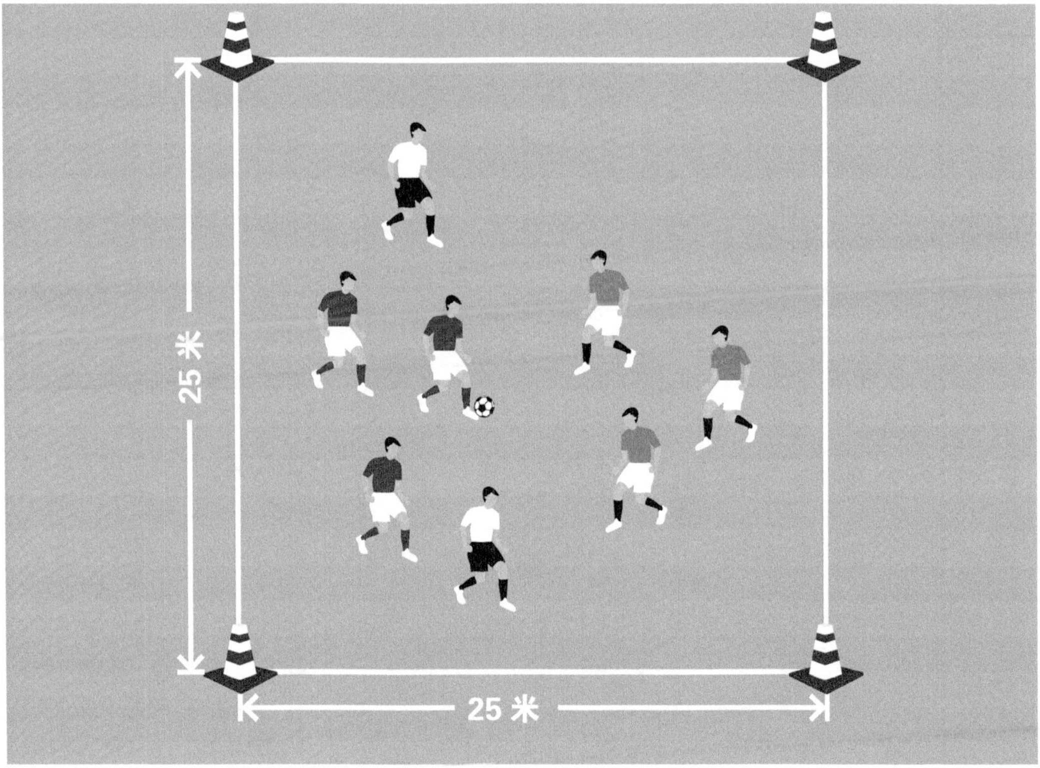

训练步骤

① 6 名球员分成 2 组，每组 3 人，持球的一组为进攻方，另一组为防守方。还有 2 名中立球员，他们加入拥有控球权的一组，使场上形成 5 对 3 的情形。当听到教练的信号后，持球的一方和中立球员在尽可能多次传球而不丢球的情况下保持控球权。防守方要相互配合，第一防守球员要给对手施加压力，第二防守球员提供盯防，第三防守球员提供平衡，通过协调移动来确保防守位置合适。

② 进攻方连续传 6 次球且没有丢失控球权得 1 分，连续传球 10 次或以上且没有丢失控球权得 2 分。持续练习 15 分钟，最后得分高的组获胜。

5对3（+2）比赛

此练习是5名进攻球员和3名防守球员在场上进行5对3的比赛，防守方的球门前有2名球员防守。防守方要阻止对手通过带球突破防守，迫使进攻球员从较差的角度射门。

准备工作　用 4 个锥桶标记出 1 个 30 米 ×40 米的场地，场地两侧的边线上用标示盘设置 4 个 5 米宽的球门，同侧球门间隔 10 米远。

人数　10 人

时间　15 分钟

40 米

30 米

训练步骤

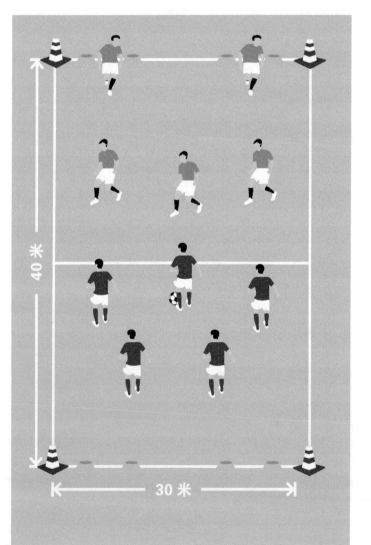

① 所有球员平均分为 2 组，每组 5 人。每组球员要防守己方底线上的 2 个球门，且通过将球踢入对方的 2 个球门中得分。当听到教练的信号后，持球的一方带球进攻，防守方有 3 名球员在场上防守，另外 2 名球员位于球门前充当守门员。

② 如果防守球员成功抢到控球权，必须将球传回给守门员，然后同 2 名守门员一起进行反攻，在另一侧场地形成 5 对 3 的情形。每次控球权发生改变时，进攻方和防守方也发生转换。进攻方连续传球 8 次且没有丢球得 1 分，每次成功射门得 2 分。持续练习 15 分钟，得分高的组获胜。

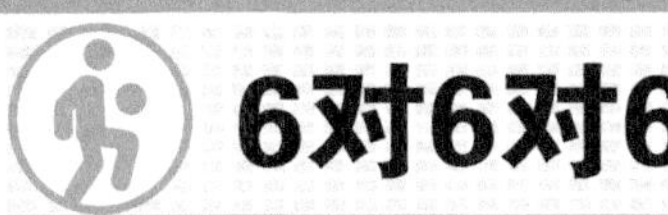

6对6对6

6对6对6是2组进攻方对1组防守方的练习，防守方的球员要相互配合以缩小防守区域，限制进攻球员的选择余地。距离球最近的防守球员要向持球的对手施压，附近的队友为第一防守球员提供盯防保护。

准备工作	标记出罚球区，所有球员位于其中。
人数	18 人
时间	20 分钟

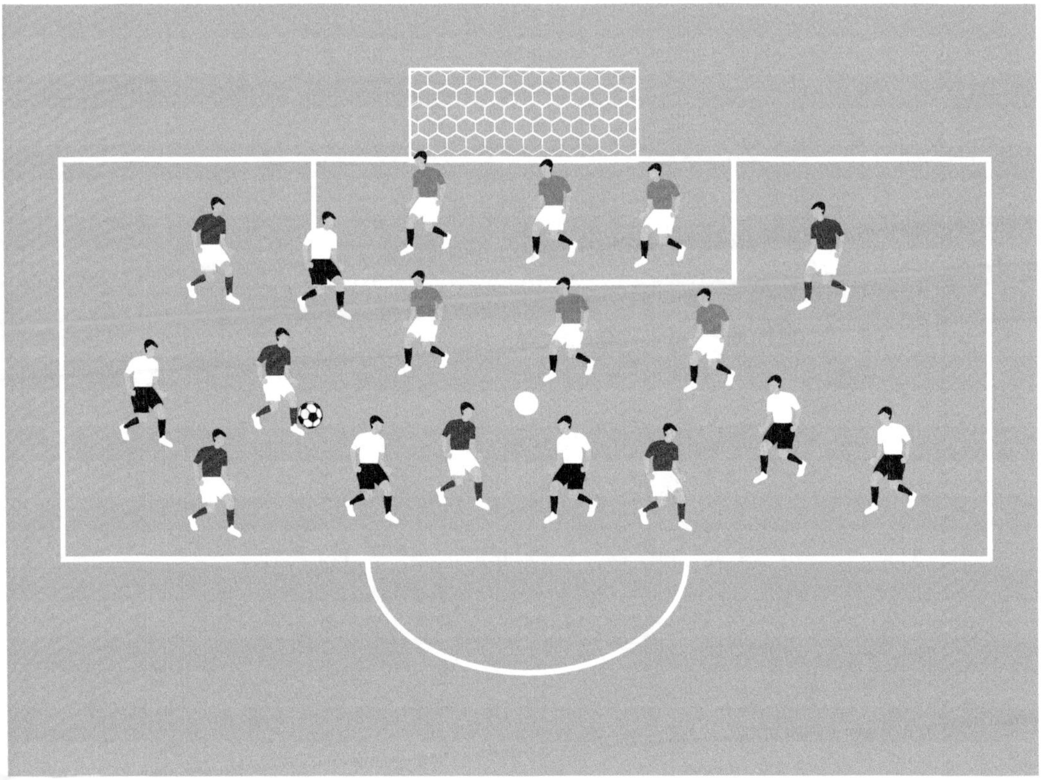

训练步骤

① 所有球员平均分成 3 组，每组 6 人。1 组为防守方，其余 2 组联合起来组成 12 人的进攻方。进攻方持球，只能用 2 次以内的触球来接球和传球。如果被防守方成功抢夺控球权、进攻方导致球出界或进攻方使用 2 次以上的触球来接球和传球，则双方交换控球权。

② 如果进攻方连续传球 8 次且没有丢球，防守方被罚 1 分。持续练习 20 分钟，罚分最低的组获胜。

6对6标准球门进球

此练习的重点在于小组的防守战术。距离球最近的防守球员要在进攻点施压，附近的队友要保护第一防守球员后方和侧边的空间，而距离球最远的防守球员要提供防守平衡。

准备工作 用4个锥桶标记出1个60米×50米的场地，场地两侧的底线上设置2个标准球门。

人数	14人
时间	25分钟

50米

60米

训练步骤

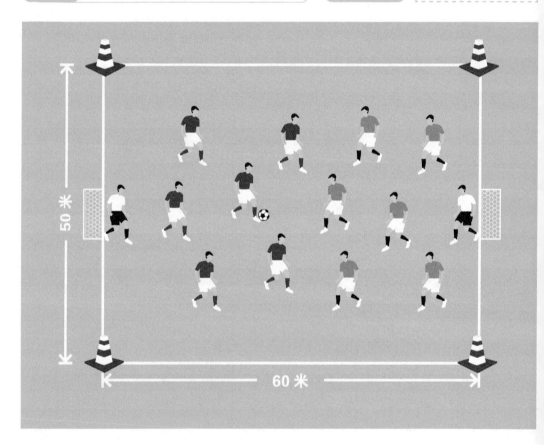

① 所有球员平均分成2组，每组有6名场上球员和1名守门员。持球的一组为进攻方，通过在对方的球门进球得分。

② 与标准的足球比赛规则一样，防守球员要根据球的运动调整自己的位置。持续练习25分钟，让对方进球次数少的组获胜。

10对5（+5）穿越中线

此练习是2组球队随着控球权的变化在两侧场地中间来回移动，总是以10名进攻球员对5名防守球员的方式进行的比赛。

准备工作	用 4 个锥桶标记出 1 个 60 米 ×50 米的场地，场地中间有 1 条中线。

人数　20 人

时间　15 分钟

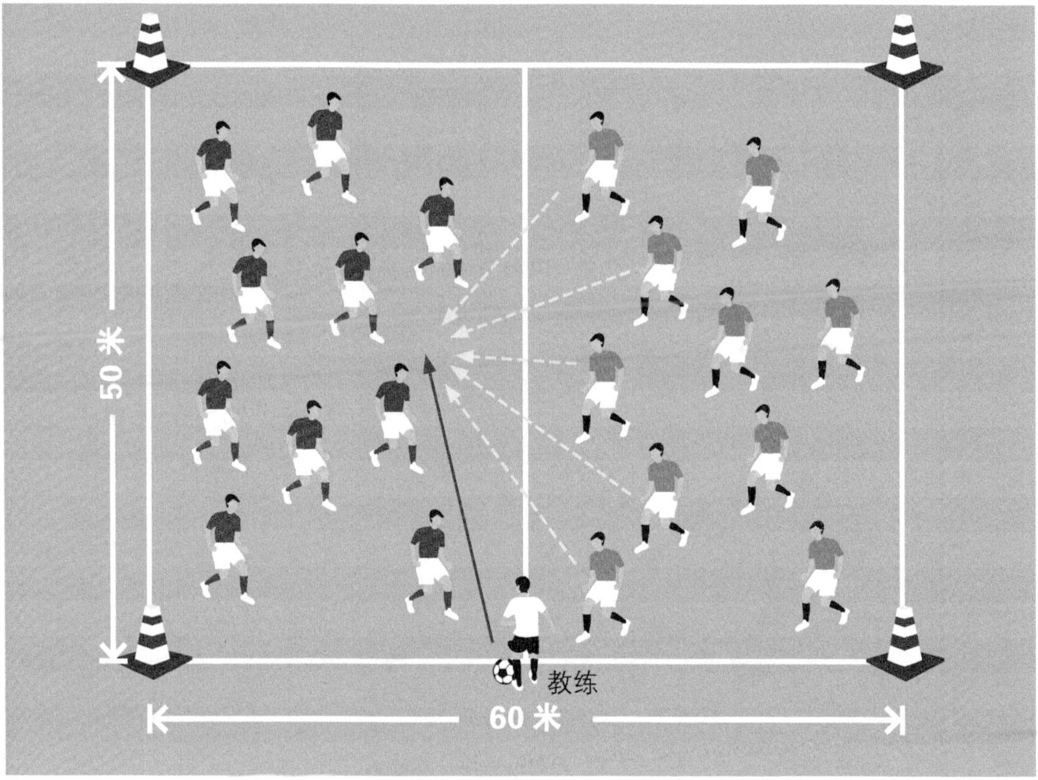

训练步骤

① 所有球员平均分成 2 组，每组 10 人分别位于场地两侧。教练站在场地外向一组传球，另一组立即派 5 名球员越过中线进入对方的场地抢夺控球权。进攻方的球员通过 2 次以内的触球次数相互传球来保持控球权，如果球被防守球员抢走，则防守球员将球从中线踢过传给队友。成功夺取控球权的 5 名球员立即回到己方场地支援队友，而失去控球权的一方立即派 5 名球员越过中线进行抢球。

② 被派到对方场地的 5 名球员要相互配合，运用压力、盯防和平衡这 3 项防守战术进行防守。连续传球 10 次或以上的组得 1 分，持续练习 15 分钟，让对方得分低的组获胜。

数量劣势的防守

6.4 团队防守训练

数量劣势的防守是防守方的人数少于进攻方的练习，防守方的球员要阻止对方通过传球或带球突破防守，减小球后方的空间，在与球相反的另一侧场地实现防守平衡。

准备工作 用4个锥桶标记出1个40米×60米的场地，在一侧底线设置1个标准球门，在另一侧底线的2个角落处设置2个3米宽的球门。

人数	13人
时间	15分钟

60米

40米

训练步骤

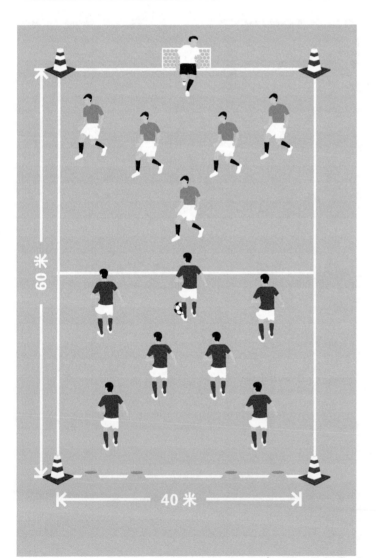

① 标准球门处安排1名守门员，其余球员分成2组。一组有5人，安排4名防守者和一名前卫来防守标准球门，且可以通过向对方任意一侧的小球门进球得分。另一组有7人，防守2个小球门，且可以通过向标准球门进球得分。球员只能通过3次以内的触球次数来接球、传球和射门。

② 7人的一组每次将球成功射入标准球门得2分，5人的一组每次将球成功射入小球门得1分。持续练习15分钟，得分高的组获胜。

以球为中心的防守

以球为中心的防守是根据球的位置来决定防守球员的位置，并采取合适的防守战术，不需要盯防特定的对手的练习。

准备工作 用 4 个锥桶标记出 1 个 35 米 ×20 米的场地，将场地分成 3 块区域。两边的区域为 10 米 ×20 米，中间的区域为 15 米 ×20 米。每块区域的两侧用标示盘设置 2 个 2 米宽的球门。

人数	8 人
时间	15~20 分钟

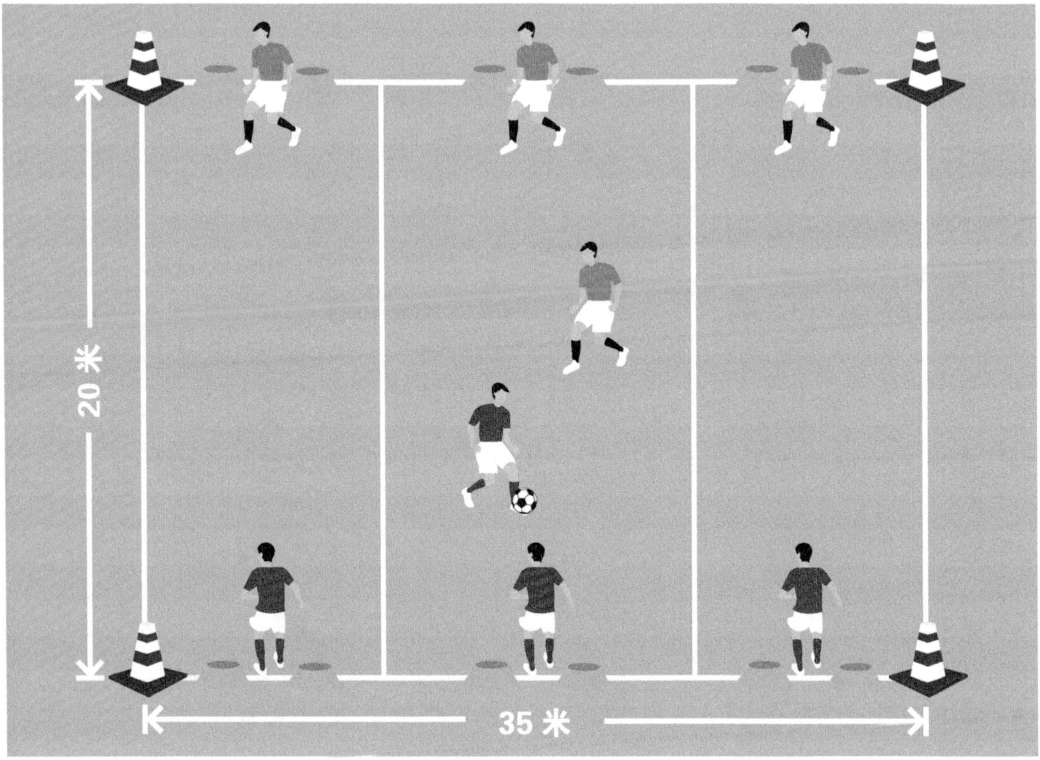

20 米

35 米

训练步骤

① 所有球员平均分成 2 组，每组 4 人。每组 3 名球员分别负责防守一侧的 3 个球门，且可以通过将球射入对方球门得分。每组分别安排 1 名球员进入中间区域进行攻防。守门的球员只能在各自区域内活动。进攻方的球员没有任何限制，可以在各个区域内移动，且不限制触球次数。

② 防守方要采用合适的防守阵形，进攻方每次成功射门得 1 分。持续练习 15~20 分钟，得分高的组获胜。

紧凑的防守空间

紧凑的防守空间是所有防守球员在射门点集合，通过紧凑的防守来减少对手可进攻的空间的练习。防守方要运用基础的团队防守战术阻止对手突破防守并赢得控球权。

准备工作 用4个锥桶标记出1个90米×75米的场地，将场地分成3个90米×25米的区域，并用标示盘在与底线相交的地方设置4个3米宽的球门。

18人

15~20分钟

75米

90米

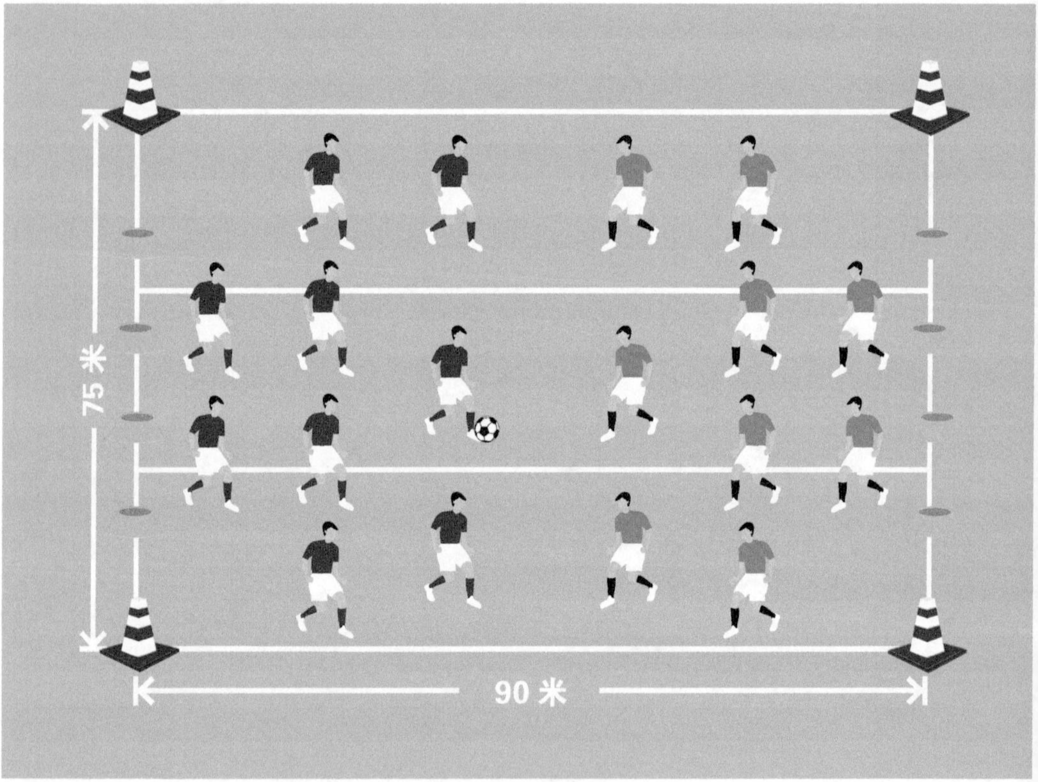

训练步骤

① 所有球员平均分成2组，每组9人。两组都呈3-4-2的阵形相对站立，每组防守己方底线上的2个球门，且可以通过将球射入对方球门得分。在进攻方即将射门时，防守方要向射门的那侧场地移动，使防守空间变得紧凑，以减少进攻方可利用的空间。

② 进攻方每次成功射门得1分，射门时如果有防守球员位于距离球最远的区域内，则进攻方多得2分。其他规则与标准的足球比赛一致。持续练习15~20分钟，得分高的组获胜。

数量劣势下的防守

数量劣势下的防守是防守方在比进攻方少2名球员的情况下进行的防守练习，可形成7对9的情形。防守方要先对球直接施压，并在射门区域增加防守，防止对手从中间区域射门。

准备工作　用4个锥桶标记出1个90米×60米的场地，两侧底线的中间分别设置1个标准球门。

人数	18人
时间	20分钟

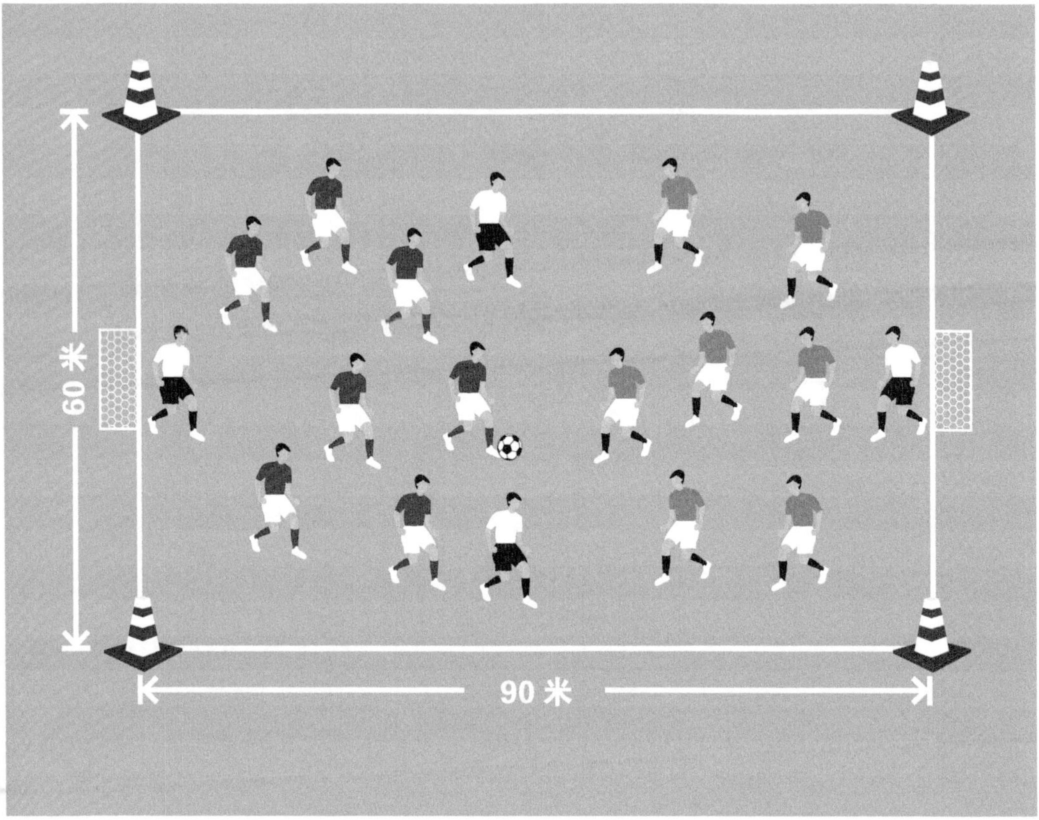

训练步骤

①16名球员平均分成2组，每组各有7名场上球员和1名守门员，还有2名球员为加入控球方的中立球员，从而让进攻方具有人数上的优势。每组各防守1个球门，且可以通过将球射入对方球门得分。

② 处于人数劣势上的防守方要运用以球为中心的盯防战术，距离球最近的防守球员直接在进攻点施压，其余防守球员撤回球门侧位置，使场上变得紧凑。持续练习20分钟，让对方进球少的组获胜。

防守和恢复球门侧位置

防守和恢复球门侧位置是进攻方将球踢向防守方身后的空间，在进攻方到达该区域并触球后，防守方要采取最近的路线全速奔跑，迅速跑到球门侧位置的练习。

准备工作 标记出 2 条与场地同宽的线条，距离较近的底线约 35 米，将场地分成 3 块区域。两侧底线的中间分别设置 1 个标准球门。

人数 18 人

时间 15~20 分钟

105 米

训练步骤

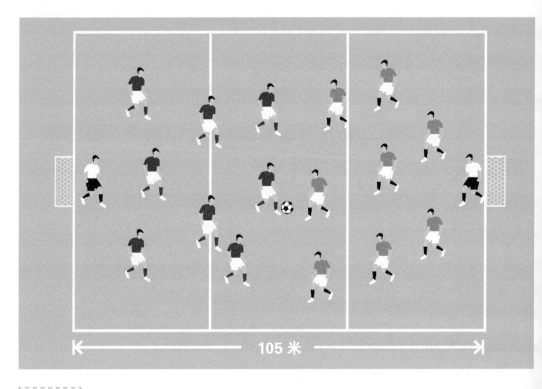

① 所有球员平均分成 2 组，每组 9 人，每组各安排 1 名守门员。从场地中间发球，每组防守 1 个球门，且可以通过将球射入对方球门得分。教练充当裁判，每隔几分钟就吹哨暂停，并在其中一组的防守区域内给该组一个任意球。踢任意球时，转换后所有的防守球员都要移动到中间区域，进攻方以长球的方式将球踢到防守方身后的空间。在进攻方进入该区域并触球后，防守方立即回到防守区域阻止对方射门。

② 进攻方的球如果被守门员拦下则进攻方得 1 分，如果成功射门得 2 分。持续练习 15~20 分钟，让对方得分低的组获胜。

团队防守模仿训练

团队防守模仿训练与团队进攻模仿训练的配置大致相同，不同的是在训练中加入了对手团队。防守方要严密地盯防对手，缩小空间阻止对手突破防守。

准备工作 两侧底线的中间分别设置一个标准球门。球门处安排 1 名守门员。

人数 22 人

时间 15~20 分钟

训练步骤

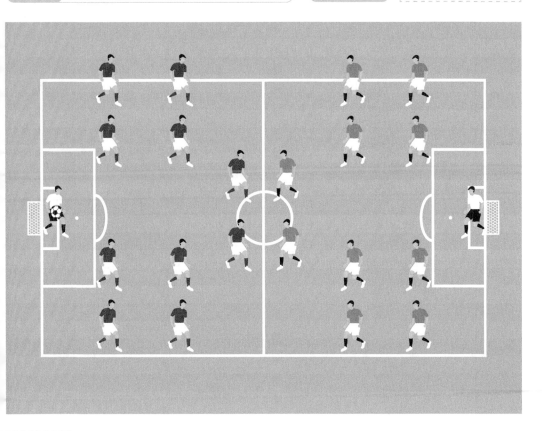

① 所有球员分成 2 组，每组 11 人。当听到教练的信号后，进攻方的守门员持球，开始后将球传给进攻方的球员，进攻球员沿着球场向下移动，并寻找机会射门，且只能通过 3 次以内的触球次数来接球和传球。防守方要相互配合，阻止对手突破防守从正面射门，并设法赢得控球权。

② 当对方进球或己方赢得控球权后，立即将球传给对方的守门员以重复训练，以比赛的速度训练 30 次，之后 2 组交换角色，重复训练。

SPURS

第 7 章

阵形

阵形是指场上的球员为了适应区域防守和掌控节奏，根据需要在场上排列的位置和职责分工。每种阵形都有各自的优势和劣势，球队要根据需要选择合适的阵形。最佳的阵形就是能扬长避短，为球队创造绝佳的机会。

4-4-2的特点及应用（平行中场）

4-4-2平行中场是现在足球比赛中最为常见的阵形。此阵形前锋的人数较少，容易将对手引入己方半场，从而迅速反击。

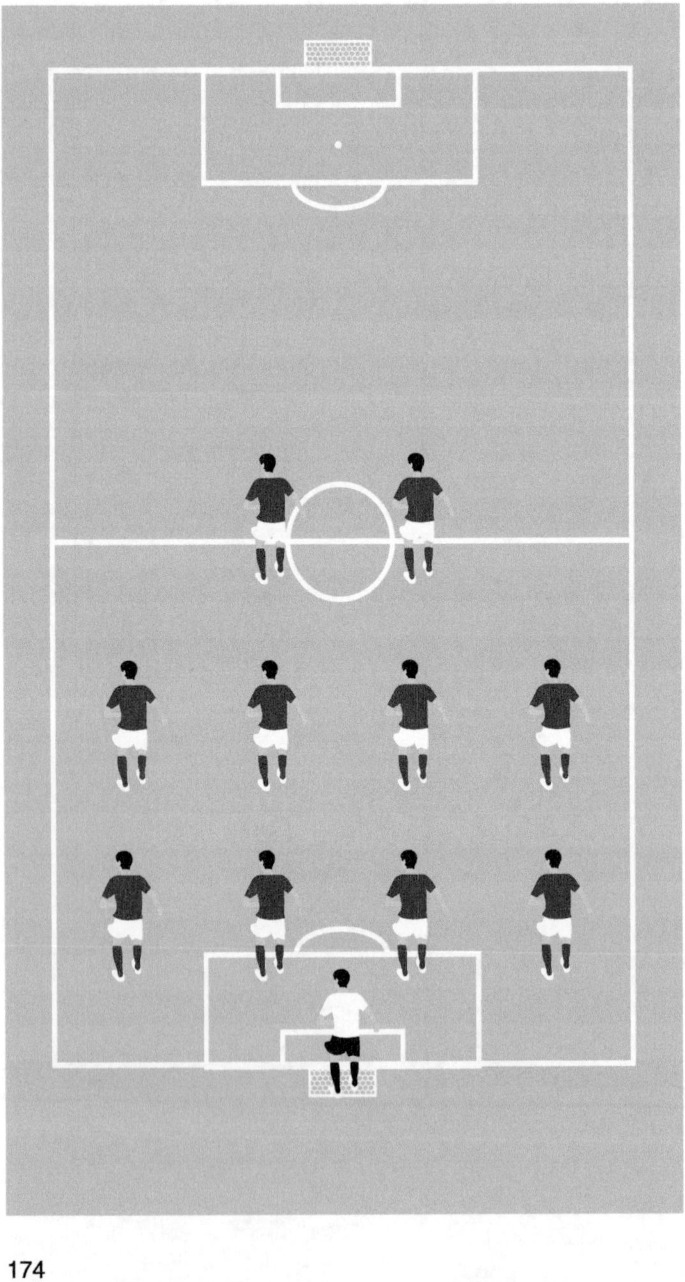

特点及应用

4-4-2 平行中场采用水平四后卫的防守，让 4 名后卫分布在后场位置提供区域盯防，这样做能够有效地封住对手可利用的空间。4 名前卫部署在后卫防线的前方，中间的 2 名前锋一名负责进攻，另一名负责防守，形成互补。前卫要在前锋受到对手施压时，迅速冲到前方提供支援。2 名前锋一名作为最高传球目标，另一名作为目标前锋的补充角色，跑向空地接传球并拉长防守。前锋在进攻时总是冲在最前方，很少撤回防守。

小提示

此阵形的特点在于进攻和防守之间的平衡，从球员的排列到职责分工都非常明确。各个位置之间能有效互补，球员在进攻时可以互相配合，迅速突破对方防守。

4-4-2各位置的职责（平行中场）

该阵形中前锋的人数较少，在阵地战中可能处于劣势，需要2名前锋穿插配合，因此中场对前锋的支援就显得尤为重要。

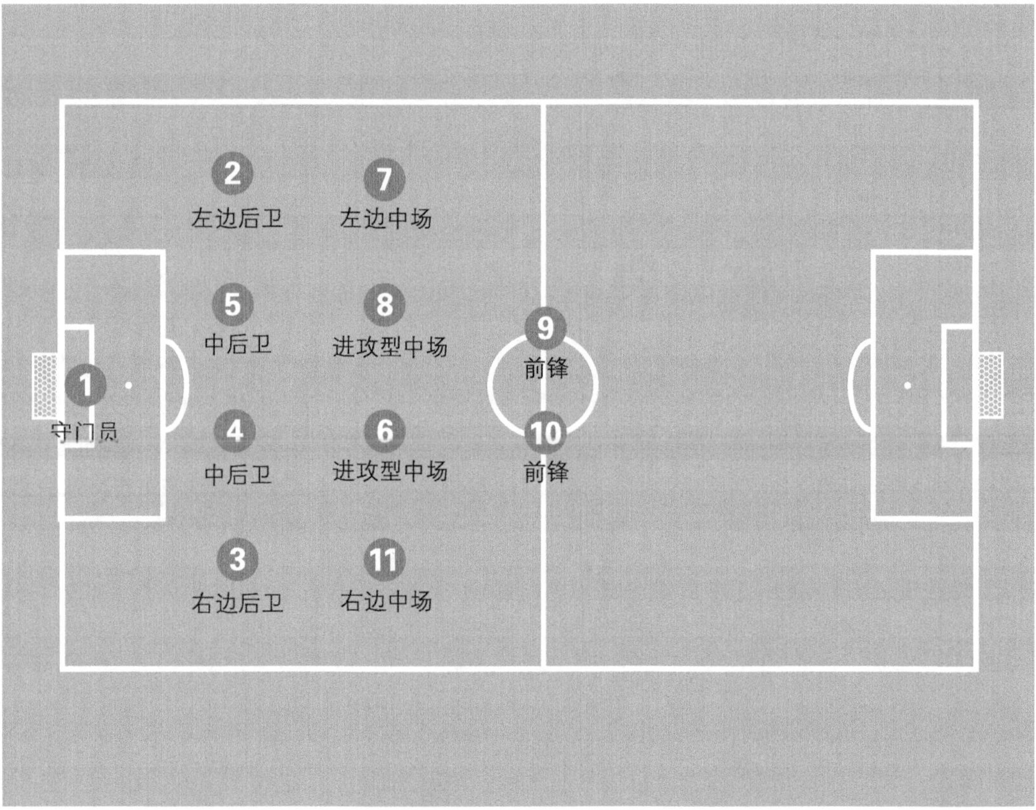

2 左边后卫　7 左边中场
5 中后卫　8 进攻型中场　9 前锋
1 守门员
4 中后卫　6 进攻型中场　10 前锋
3 右边后卫　11 右边中场

各位置的职责

在 4-4-2 阵形中，球员之间的排布要能充分利用场地的宽度。守门员位于球门处防守并开球。进攻时，每条边路都有 2 名球员，他们可以通过短传配合制造机会。中场的后卫线分别有 4 名球员防守，且球员之间的距离始终不变，在有效缩小对方可利用空间的同时，还能将各区域紧密地联系在一起。中场的 4 名球员站成一条直线，可以在防守时保持良好的阵形。左右两边的中场负责两场的侧翼。2 名前锋以球为目标，负责射门进球。

知识点

阵形优势

此阵形中球员站位的兼容性较强，可以减少球员跑动的距离。中场中间的 2 名球员在为后方提供保护的同时还能支援前锋进攻。

4-4-2的特点及应用（蝶形中场）

4-4-2蝶形中场阵形具有很强的进攻优势，中场呈双线分布，有利于球员之间进行传球配合，适合倾向于主动出击的球队。

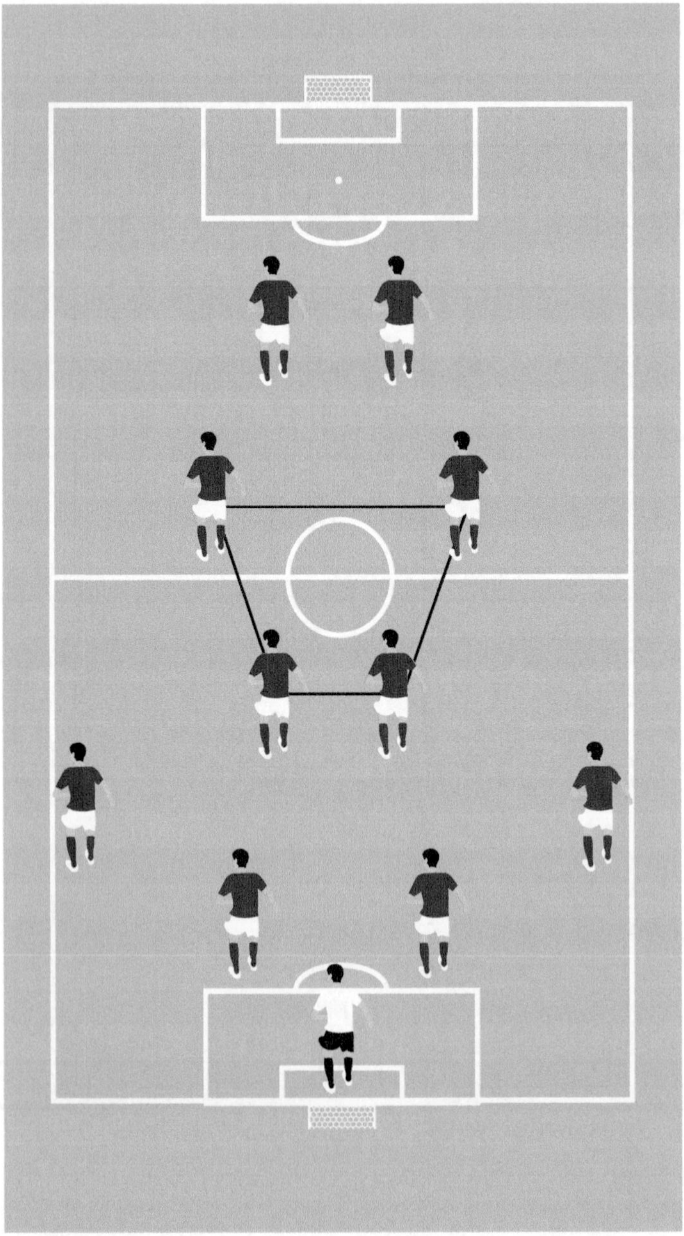

特点及应用

4-4-2 蝶形中场阵形的中场呈双线分布，中场的球员站位呈蝶形。从整体看，此阵形呈现出 4 条线，其中后卫为 1 条线，中场为 2 条线，前锋为 1 条线。由于中场的人数较多，对手也不容易从中间突破，所以在进攻时中场的球员可以迅速为前锋提供支援。蝶形中场的站位不仅方便与队友进行传球配合，而且球员还具有良好的视野。

知识点

阵形优势

位于中场的球员排成蝶形，具有人数上的优势，在保持攻防平衡的同时，给后卫让出了较大的进攻空间，有利于开展高位逼抢，有效发起进攻。

4-4-2各位置的职责（蝶形中场）

此阵形非常有利于进攻，同时也要求中场的球员具有较强的个人能力，利用合理的站位形成优势，协助前锋完成射门。

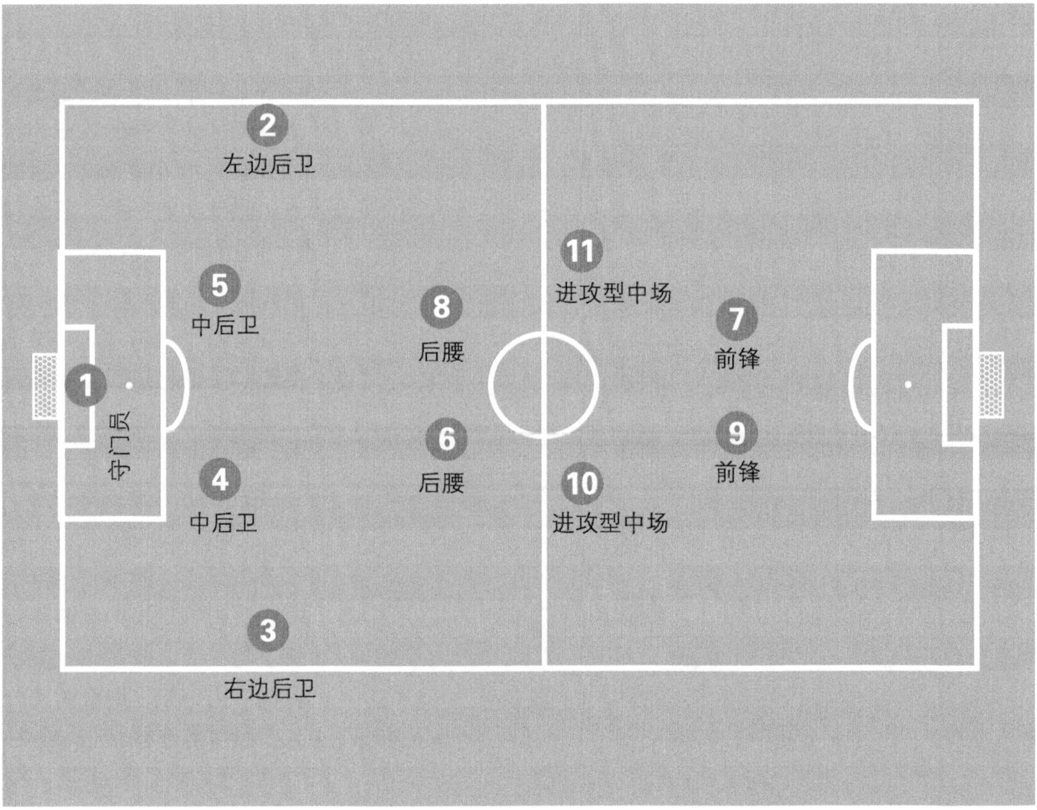

2 左边后卫
5 中后卫
1 守门员
4 中后卫
3 右边后卫
8 后腰
6 后腰
11 进攻型中场
10 进攻型中场
7 前锋
9 前锋

各位置的职责

在使用蝶形中场站位时，由 1 名守门员防守己方球门，后场由 4 名球员防守。随着中场的球员向前移动，后场两侧的后卫可以更积极地参与进攻。中场有 4 名球员，靠近前锋的 2 名球员负责进攻，可以支援前锋发起进攻。靠近后卫的 2 名球员负责防守，从而保持攻防平衡。此阵形的重心在于球场左右两边的肋部区域。利用中场球员的阵形优势，前锋将球带至边路及左右两边的肋部区域，形成有效进攻。

如果想要从边路及肋部区域进攻，中场的进攻球员必须起到带头作用。通常会选择移动速度较慢但具有较强身体对抗能力的中锋球员，与移动速度快且灵活的前锋球员相互配合，充分发挥进攻作用。

4-3-3的特点及应用

4-3-3阵形注重攻守两端的平衡，在比赛中可以获得较高的控球率，无论哪个位置的球员持球，都会有较多的传球路线可供选择。

特点及应用

4-3-3 阵形具有 3 名前锋，使阵形拥有很强的攻击力。如果球队中有善于进攻且能力较强的边路球员，那么该阵形将会非常适合。

进攻时，左右两边的中场球员会向前场推进，把边路留给边后卫参与进攻。中前卫一般在 2 个半场之间来回跑动，时而迅速支援进攻，时而回撤盯防对方持球球员。组织进攻时，2 名中后卫可以不断以斜长传的方式传球给边路接球的球员，创造继续进攻的机会。前锋球员要积极抢夺控球权，边锋中的一人要经常参与组织进攻，拉平己方在中场人数上的劣势。

小提示

此阵形的关键在于两侧边翼参与进攻，要注意防守时可能会因为中场的人数较少而导致两侧出现空当。

4-3-3各位置的职责

4名后卫的后防线可有效拉长场地的宽度，充分压缩对手攻击线上的空间。无论对手的前锋是2人还是3人，己方在后防线的人数上都具有优势，且可以相互补位以协助防守。

各位置的职责

4-3-3 阵形有 4 名后卫呈水平线分布在后场位置提供区域盯防，3 名前锋是进攻的组织者，负责控制中场。中场核心要拥有良好的传球和带球技术，且有能力向前移动并射门，防守时要擅长空中技术同时抢夺控球权。两侧的中场要在攻防时提供横向盯防。3 名前锋带头发起进攻，中锋的两侧各有 1 名边锋，通常由边锋负责带球突破对方防守，从而为自己或队友创造射门机会。

知识点

适应不同角色

想要成功运用 4-3-3 阵形，球员需要具有充沛的体力和良好的技术，以适应不同的角色。在恰当的时机，中场的球员要能够向前发起进攻，担任前锋的角色。

3-4-3的特点及应用

3-4-3阵形是一种菱形阵形，该阵形具有多名攻击型球员，因而具有极强的进攻性。虽然在进攻时该阵形的效果显著，但在防守方面会处于劣势。

知识点

阵形防守

进攻型中场要在控球时支援3名前锋，在防守时由防守型中场提供防守支持。由于该阵形中后卫只有3人，两边的空当较大，所以在失去控球权时，中场球员要迅速撤回防守。

特点及应用

3-4-3阵形的特点是重进攻轻防守，提升了球队的进攻能力，但同时也削弱了防守能力。一旦在进攻时出现失误，对手很有可能在反击中形成人数上的优势。此阵形最大的弱点在于后场两侧的空间较大，不利于防止对手使用穿透力强的传球。不过在进攻时，该阵形占据了人数上的优势，会使对手显得很被动。

3–4–3各位置的职责

此阵形非常有层次，如果每个位置的球员都能够出色发挥，那么这种阵形在组织进攻时会产生非常多的变化。

1 守门员
3 左边后卫
5 中后卫
4 右边后卫
6 防守型中场
8 左边中场
2 右边中场
10 进攻型中场
11 左边锋
9 中锋
7 右边锋

小提示

很少有球队会使用这种阵形，因为想要充分发挥该阵形的作用，需要阵形中的每名球员都具有非常高的水平。为了应对场上的各种情况，高水平的控球技术和敏锐的战术嗅觉对球员而言都非常重要。

各位置的职责

在使用 3-4-3 阵形时，由 1 名守门员防守己方球门，后场由 3 名球员防守，中场位置有 4 名球员始终呈菱形站位，这样可以让球员在合适的位置发起进攻并向对手施压。前场 3 名球员根据球的位置展开进攻，可以使用三区逼抢和高位逼抢。如果对方成功摆脱高位逼抢，1 名边中场球员就必须撤回到后卫处，组成临时的 4 名后卫防线。

3-5-2的特点及应用

3-5-2是一种中场双防守的阵形，该阵形的中场具有较大的人数优势，可以频繁地参与进攻和防守，使前锋和后卫都能及时得到支援。

特点及应用

3-5-2 阵形只有 3 名后卫，所以重心在中场位置。由于中场的人数较多，在进攻时，由中间的前卫组织进攻，迅速支援 2 名前锋，从而给对手造成很大的威胁。防守时，前卫的球员要阻止对手通过带球或传球从防线中间突破，并快速撤回后卫支援防守。

此阵形对中场球员的运动能力有很高的要求，中场球员要有足够的体力来保证来回移动。虽然直线进攻的速度加快了，但 3 名后卫的空当较大，如果全队向前进攻的话，很容易被对手打入身后，丢失控球权的风险很高。

小提示

该阵形的特点是由多名中场球员构成了严密的中场，如果对方是双前锋的阵形，可以让中后卫盯人防守，自由的中场球员伺机移动。

3-5-2各位置的职责

此阵形可以创造出许多三角配合和菱形阵形，有利于短传配合，中场的多名球员尤其适合中场逼抢。

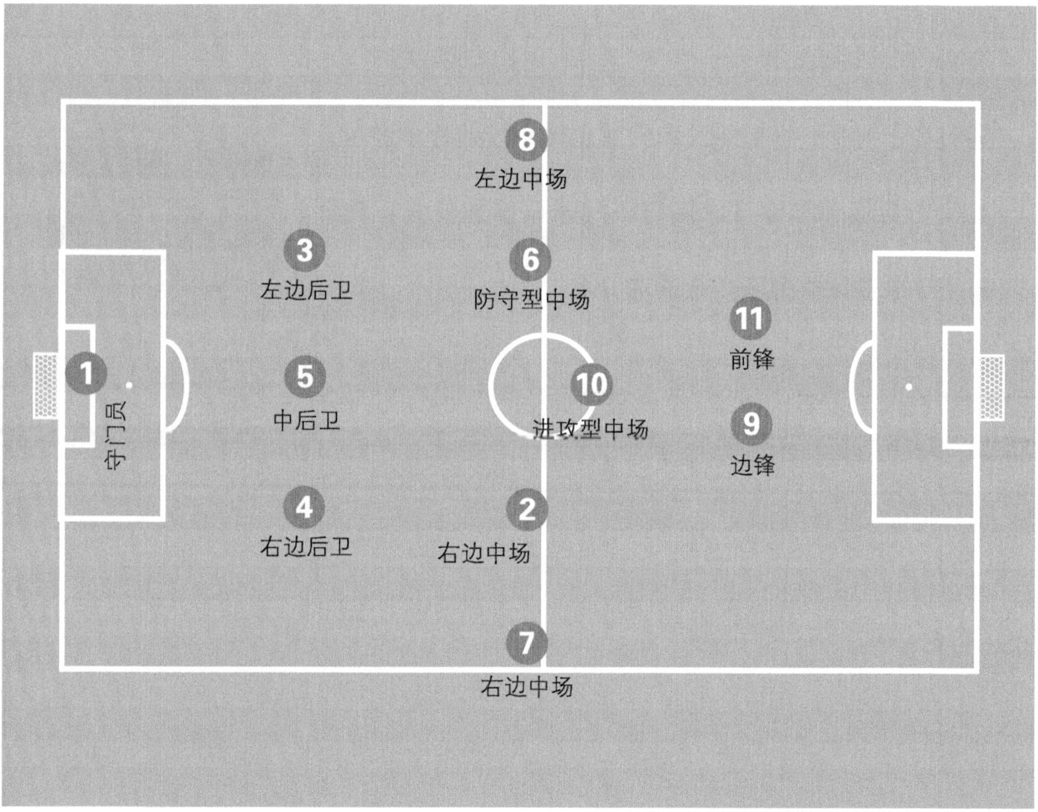

各位置的职责

球队在使用 3-5-2 阵形时，由 1 名守门员防守己方球门，后场由 3 名球员防守，中场有 5 名球员。通过短传配合战术，己方能给对手施加很大的压力。防守时中场球员可以抢夺控球权，迫使对手进入己方的控制区域。2 名前锋相互配合，通常由边锋为中锋提供支持，通过连接中场和前锋来创造射门机会。

知识点

优秀的体力支撑

这是一个稳固中场的阵形，想要取得成功就需要边锋在 2 个半场之间跑动，来盯防整个边线区域。这就要 2 名前锋的机动性非常强，能够不停地移动，接来自前卫和后卫的传球。

作者简介

褚洪洋

国家一级运动员，现任天津体育学院足球教师；拥有 24 年足球训练经验，曾获全国青年队足球联赛亚军；拥有 8 年大学一线教练员和大学足球专项课教学经验，其间曾带领天津体育学院男子足球队参加全国运动训练足球联盟比赛并获得全国前 8 名。